Dieses Buch ist meinem Vater Laurin Hosp gewidmet, da er meine technische Neugierde geweckt hat.

KRYPTO WÄHRUNGEN

Bitcoin, Ethereum, Blockchain, ICOs & Co. einfach erklärt

DR. JULIAN HOSP

Bekannt aus:

FORBES CNBC BLOOMBERG PRO7 INC.

Bibliografische Information der Deutschen Nationalbibliothek:
Die Deutsche Nationalbibliothek verzeichnet diese Publikation in der Deutschen Nationalbibliografie.
Detaillierte bibliografische Daten sind im Internet über http://dnb.d-nb.de abrufbar.

Für Fragen und Anregungen:
info@finanzbuchverlag.de

7. Auflage 2021

Dieses Buch ist zuerst im Dezember 2017 bei I-Unlimited Ltd. erschienen.

© 2018 by FinanzBuch Verlag
ein Imprint der Münchner Verlagsgruppe GmbH
Türkenstraße 89
D-80799 München
Tel.: 089 651285-0
Fax: 089 652096

Redaktion: Judith Engst
Korrektorat: Silvia Kinkel
Umschlaggestaltung: I-Unlimited Ltd./Jarmila Takač
Umschlagabbildung: Shutterstock/Wit Olszewski
Satz: ZeroSoft SRL, Timisoara
Druck: CPI books GmbH, Leck
Printed in Germany

ISBN Print 978-3-95972-137-0
ISBN E-Book (PDF) 978-3-96092-247-6
ISBN E-Book (EPUB, Mobi) 978-3-96092-248-3

Weitere Informationen zum Verlag finden Sie unter

www.finanzbuchverlag.de

Beachten Sie auch unsere weiteren Verlage unter www.m-vg.de.

INHALT

KAPITEL 2 – GRUNDLAGEN ZU BLOCKCHAIN UND KRYPTOWÄHRUNGEN

KAPITEL 3 – PRIVATE KEYS UND PUBLIC ADDRESSES

KAPITEL 4 – MINING

KAPITEL 12 – DIE ZUKUNFT VON KRYPTO-WÄHRUNGEN 175

BONUS-KAPITEL: INITIAL COIN OFFERINGS (ICOS) . . 178

WAS KOMMT ALS NÄCHSTES? 182

ÜBER DEN AUTOR 185

DANKSAGUNG

Ohne die Unterstützung durch eine ganze Reihe von Leuten wäre dieses Buch nicht möglich gewesen.

Besonderen Dank schulde ich all den verschiedenen Leuten aus dem Krypto-Ökosystem, die es mir in fantastischen Gesprächen und intensiven Diskussionen ermöglicht haben, mein Wissen zu erweitern, und mich dabei herausforderten, meine Kenntnisse ständig zu erweitern.

Des Weiteren möchte ich meiner Familie danken, die, egal was ich verfolge, immer hinter mir steht. Besonders dankbar bin ich meinem Vater, der schon in jungen Jahren meine Neugier auf Technologien weckte – ohne ihn hätte ich die kryptographischen Grundlagen nie verstanden.

Zum anderen hält mir meine Verlobte Bettina nicht nur im Privaten, sondern auch im Geschäftlichen jederzeit den Rücken frei und motiviert mich gerade dann, wenn ich es am meisten brauche, dazu, nie aufzugeben.

Zu guter Letzt möchte ich allen danken, die mir auf dem Weg geholfen haben, die ich hier jetzt aber nicht einzeln erwähnen kann. Ich bin wirklich jedem Einzelnen sehr dankbar, denn ohne jede Erfahrung oder Begegnung wäre dieses Buch nie in der Form entstanden, die es heute hat.

Julian Hosp

VORWORT
VON DR. HARALD MAHRER

Der Traum von einer besseren Welt bewegt die Menschheit seit dem Anbeginn der Tage. Auf Betreiben des berühmten Humanisten Erasmus von Rotterdam veröffentlichte der englische Staatsmann Thomas Morus 1516 sein Werk *Utopia*. Diese Schrift, in der eine »ideale Gesellschaft« beschrieben wird, gilt heute als einer der wichtigsten Vorläufer sozialutopischer Konzeptionen, die sich vielfach der gerechten Verteilung von Gütern und oft der gleichzeitigen Abschaffung des Geldes widmen. Heute, 500 Jahre später, vor dem Hintergrund hochdynamischer technologischer Entwicklungen werden die vorherrschenden Gesellschaftsmodelle von unterschiedlichen Vordenkern hinsichtlich ihrer Zukunftstauglichkeit hinterfragt. Individuelle Freiheit versus staatlichem Zwang und Kontrolle oder mehr persönliche Bequemlichkeit und ein leichteres Leben um den Preis des Verlustes der Privatsphäre? All dies sind Metaphern für grundlegende Fragen der Digitalisierung unserer Welt und des Zusammenwachsens von Mensch und Maschine.

Für die Apologeten und Vordenker der Krypto-Ökonomie ist diese neue Form der Dezentralisierung der Systeme der Weg in Richtung eines möglichen Utopias, einer blockchainbasierten und gleichsam besseren und gerechteren Welt. Mit dem vorliegenden Buch ermöglicht Julian Hosp Einblicke und Ausblicke in diese Möglichkeitsräume. Er bietet die Chance, grundlegende technische Funktionsweisen der Krypto-Ökonomie zu verstehen und Potenziale zu erkennen. Der Fokus liegt klar auf dem Kennenlernen des Subsystems der Kryptowährungen, der ersten öffentlich breitenwirksamen Ausprägung des gesamten kryptoökonomischen Ökosystems.

Ich danke Julian Hosp für dieses Werk und hoffe, dass die Leserinnen und Leser durch den Aufbau von Wissen und durch persönliche Reflexion aktiv an einer notwendigen Debatte über die Licht- und Schattenseiten einer kryptoökonomischen Entwicklung teilnehmen. Bislang bleibt die Frage unbeantwortet, wie ökologisch nachhaltig oder von marktwirtschaftlichen Prinzipien getragen eine blockchainbasierte Welt zu einem wohlstandsfördernden Wettbewerb beitragen kann. Im Gegenteil, es existieren mehr Fragen als Antworten und mehr Pfade in die Zukunft, als wir uns vorstellen können. Haben wir daher ganz dem Motto der Aufklärung folgend den Mut, uns unseres eigenen Verstandes zu bedienen. Sapere aude! Auch dieses Buch leistet dazu einen wichtigen Beitrag.

Dr. Harald Mahrer
Bundesminister für Wissenschaft, Forschung und Wirtschaft
Republik Österreich

WAS DICH ERWARTET

Hast du dich jemals gefragt, was Bitcoin, eine Kryptowährung oder eine Blockchain ist? Wie wäre es mit dem Wort »Dezentralisierung«? Du hast vielleicht gehört, dass »diese Dinge kommen und die Welt dominieren werden«, aber egal, ob du diese Dinge kennst – »diese Dinge« werden kommen... und sie werden eine genauso wichtige Rolle spielen wie das Internet in den vergangenen 20 Jahren.

Weißt du, wer vom Internet profitiert hat? Die Leute, die sich frühzeitig darauf vorbereitet haben und damit anfingen, es persönlich oder für ihr Geschäft zu nutzen, bevor ihnen andere folgten. Warst du einer dieser frühen Anwender oder hast du die frühe Welle verpasst? Vielleicht kennst du Leute, die sie erwischt haben. Diese Leute haben viel Geld durch Investitionen oder kluge geschäftliche Entscheidungen verdient. Oder sie liefen einfach nur der Trendwelle voraus. Mit dieser neuen Technologie namens Blockchain ergibt sich nun eine ähnliche Möglichkeit.

Wenn du keine Ahnung hast, was eine Blockchain, eine Kryptowährung oder Bitcoin ist, mach dir keine Sorgen – nur die wenigsten haben schon einmal davon gehört. Wenn du jedoch weißt, was diese Dinge sind – wüsstest du, wie man sie in weniger als einer Minute einem Zehnjährigen erklärt? Wahrscheinlich nicht. Ich weiß das, weil ich pro Jahr rund einhundert Vorträge zu diesem Thema auf der ganzen Welt halte. Egal ob in Europa, Asien, Amerika oder Afrika: Selbst wenn ich in einem Raum voller Blockchain-Entwickler stehe und frage, wer eine Blockchain erklären könnte, aber dann »in unter einer Minute und einem Zehnjährigen« hinzufüge, hebt fast niemand die Hand. Wenn man sich diese Tatsachen ansieht, fragt man sich, wie die breite Öffentlichkeit diese bahnbrechenden Konzepte jemals verstehen sollte, damit sie massentauglich werden können. Eine der größten Herausforderungen für jeden, der versucht, sich mit den Themen rund um Blockchain, Dezentralisierung, Bitcoin und andere Kryptowährungen vertraut zu machen, ist die Frage: »Wo fange ich an?« Es gibt leider zu viele schlechte Ressourcen, und all jene, welche eigentlich gut wären, sind oft an Computer-Entwickler mit extensiver Programmiererfahrung gerichtet.

Genau deswegen habe ich dieses Buch geschrieben. Auf die einfachste Art und Weise werde ich all die oben genannten Dinge erklären, sodass sie sogar ein Zehnjähriger verstehen kann. Gleichzeitig werde ich auf ein paar technische Einzelheiten verweisen, um dir sowohl eine grobe Übersicht als auch das nötige Detailwissen zu geben. Wenn du jetzt denkst, dass meine Intention, dir all dies wie einem Zehnjährigen zu erklären, eine Diskriminierung oder ein Herunterspielen deiner Intelligenz wäre, dann denk an ein Zitat von Albert Einstein:

»Wenn du es nicht einfach erklären kannst,
verstehst du es nicht gut genug.«

Vielleicht erinnerst du dich, als du einmal einem Kind etwas erklären musstest (vielleicht deinem eigenen). Du konntest nicht dieselben Begriffe und Wörter verwenden, die du normalerweise verwenden würdest. Anfangs war das schwierig, aber nachdem du es geschafft hattest, hattest du selbst ein völlig neues Verständnis von dem ganzen Thema. Kannst du dich an ein solches Ereignis erinnern? Es ging also ganz und gar nicht um ein »Herunterspielen der Intelligenz«, sondern vielmehr um eine Erhöhung. Diesem Prinzip folgend möchte ich die neuen technischen Begriffe rund um Blockchain in einer Sprache erklären, die wirklich jeder verstehen kann – sogar ein Zehnjähriger. Es wird dir nicht nur helfen, das alles selbst besser zu verstehen, sondern es wird dir auch erlauben, diese Dinge an andere Leute weiterzugeben – falls du das willst. Das ultimative Ziel ist es, Menschen auf der ganzen Welt #CRYPTOFIT – fit für diese neue Welle der Dezentralisierung und Blockchain zu machen.

Abgesehen von der einfachen Sprache und einigen Grafiken werde ich jedoch ein paar wenige technische Details hinzufügen. Es ist so ziemlich die gleiche Information, nur auf einer komplexeren Ebene. Dieses Spezialwissen wird als solches hervorgehoben. Dadurch weißt du, wann die entsprechenden Passagen kommen, und wenn du willst, kannst du sie überspringen. Keine Sorge, du verpasst dabei keine Information, sondern ich erkläre nur das vorher Gesagte in der Sprache der Zahlen, der Mathematik und der Kryptographie.

Viele Wörter in diesem Ökosystem sind englisch. Ich werde die Bezeichnungen auch auf Englisch beibehalten und nur dann ins Deutsche übersetzen, wenn mir dies sinnvoll erscheint. Keine Sorge, du wirst sie immer verstehen. Auf diese Art und Weise wirst du dich jedoch später viel leichter tun, Blog-Artikel zu lesen oder Videos anzusehen. Denn auf diese Weise kennst du schon die englischen Fachbegriffe statt ihrer deutschen Umschreibung. Eine Blockchain wird eben nie als Blockkette bezeichnet, auch wenn dies in der Übersetzung das richtige deutsche Wort dafür wäre.

TIPP

Eine wichtige Sache, bevor wir loslegen: Ich habe eine zwanzigseitige Zusammenfassung bzw. ein Arbeitsbuch erstellt, was zu diesem Buch gehört und du dir unbedingt herunterladen solltest. Das PDF wird dir helfen, die Ideen und Konzepte noch besser zu verstehen und den Überblick zu behalten. Da es in digitaler Form existiert, kann ich es immer up to date halten, was gerade in einem so schnelllebigen Ökosystem essenziell ist. Geh einfach auf www.cryptofit.community/arbeitsbuch und lade dir diese PDF-Zusammenfassung kostenlos herunter!

WICHTIG

Das Buch hat zwar eine ganz klare Struktur, ABER du kannst natürlich zwischen den einzelnen Kapiteln hin- und herspringen, wenn dich ein Thema ganz besonders interessiert. Wenn du zum Beispiel hauptsächlich etwas übers Investieren in Kryptowährungen erfahren möchtest, kannst du direkt zu diesem Kapitel wechseln. Trotzdem empfehle ich dir, die Kapitel in der Reihenfolge zu durchlaufen, in der sie aufgelistet sind.

WARUM DIESES BUCH UND KEIN ANDERES?

An dieser Stelle liest du vielleicht gerade eine Vorschau dieses Buches. Du weißt nicht wirklich, wer ich bin und warum du mir bei all dem vertrauen solltest. Du stellst dir die Frage: »Warum sollte ich eigentlich auf Julian Hosp hören? Warum dieses Buch und kein anderes?« Ich kann mich in dich hineinversetzen – was gibt mir das Recht, über das Thema Blockchain, Kryptowährungen, Bitcoin, ICOs und Co. zu sprechen? Es gibt so viele Leute da draußen, die Informationen über Blockchain und Kryptowährungen verbreiten, warum also solltest du mir glauben? Eine berechtigte Frage. Um sie zu beantworten, will ich dir zuallererst ein wenig über mich erzählen und wie ich Teil des Krypto-Ökosystems geworden bin.

Nachdem ich sechs Jahre lang Medizin in Österreich studiert hatte, begann ich, mich im Rahmen meines klinisch-praktischen Jahres als Unfallchirurg ausbilden zu lassen. Ich war während meines Studiums einer der Top Ten unter den Profikitesurfern der Welt. Für mich war es daher plötzlich etwas komplett Neues, nun fest in einem Krankenhaus zu arbeiten, nachdem ich zuvor praktisch auf der ganzen Welt als Sportler unterwegs gewesen war. Im Jahr 2012 entschied ich mich daher, meine Arbeit als Arzt nicht fortzusetzen und mein Wissen als Profisportler und Mediziner zu kombinieren, um anderen Menschen Coaching, Persönlichkeitsentwicklung und Peak-Performance-Training anzubieten. Ich zog damals nach Hongkong, um einige Erfahrungen in den Bereichen Business, Finanzen und Marketing zu sammeln. Ich hatte immer schon an die Vorzüge der Praxis gegenüber der reinen Theorie beim Lernen geglaubt. So erschien mir dieser Umzug ausgesprochen sinnvoll. Der Versuch, in dieser Stadt zwischen westlicher und östlicher Welt Fuß zu fassen, brachte ein schwieriges Jahr mit sich, aber er lehrte mich viel über Verkauf, Public Speaking, Ablehnung und vieles mehr.

Im Jahr 2014 hatte ich genug von Hongkong, und so beschloss ich, wieder mehr zu reisen und meine Trainings eher online anzubieten. Rein zufällig traf ich auf einem Zwischenstopp in Bangkok einen österreichischen Landsmann, und einen weiteren Kumpel aus Thailand. Wir haben uns sofort gut verstanden und sprachen über ein Thema, von dem ich bereits 2011 von einem Patienten gehört hatte: Kryptowährungen wie Bitcoin und Co. Ich hatte diesem Thema damals nicht viel Aufmerksamkeit gewidmet, doch in Anbetracht der Tatsache, dass Bitcoin im Jahr 2011 bei etwa einem US-Dollar lag, war es ein Schock zu hören, dass er nun 2014 auf rund 1 000 US-Dollar gestiegen war. Mein erster Gedanke war: »Wow, hätte ich im Jahr 2011 die Summe von 1 000 US-Dollar investiert, hätte ich in nur drei Jahren eine Million US-Dollar verdient.« Ich hatte es 2011 als Betrug abgeschrieben, aber durch das Gespräch mit den beiden war mein Interesse geweckt, und ich begann, das neue Thema zu erforschen. Ich suchte alle Informationen zu Blockchain, Kryptowährungen und Bitcoin zusammen. Es war zwar nicht leicht zu verstehen, doch immer noch einfacher als ein Großteil des medizinischen Lehrstoffs, durch den ich mich in den Jahren zuvor hatte durchkämpfen müssen. Wann immer Leute mich fragen, ob ich es jemals bereue, nicht als Arzt gearbeitet zu haben, wo ich doch das Fach Medizin in allen Einzelheiten studiert hatte, so wird mir bewusst, dass das Studium die Grundlage dafür gelegt hatte, all die technischen Dinge der Kryptowelt im Detail zu begreifen.

Wir drei blieben in Kontakt, und in den Monaten nach unserem Kennenlernen in Bangkok diskutierten wir weiter darüber, wie wir Kryptowährungen massentauglich machen könnten. Im Mai 2015 veranstaltete DBS, eine der größten Banken in Singapur, einen sogenannten Blockchain Hackathon in Singapur. Im Grunde handelte es sich dabei um ein Wochenende, an dem mehrere Teams versuchten, eine Jury von ihrem Projekt zu überzeugen. Ich entschied mich, die Gelegenheit beim Schopfe zu packen, und wir drei bereiteten einen Pitch vor, um die 15 000 US-Dollar Preisgeld zu gewinnen. Du kannst dir ein Video von damals anschauen und nachverfolgen, wie wir uns vorbereitet haben, indem du auf YouTube den folgenden Suchbegriff eingibst: »Julian Hosp Hackathon Singapur«.

Wir gewannen den Preis tatsächlich. Meine zwei Geschäftspartner beschlossen, nach dem Event in Singapur zu bleiben. Ich hingegen war noch eher in Reisestimmung und so blieb ich per Skype mit ihnen in Verbindung. Mitte 2015 gründeten wir unser erstes Blockchain Unternehmen in Singapur. Ursprünglich wollten wir nur Bitcoin ausgebbar machen, da dies die größte und wichtigste Kryptowährung war und die meisten anderen Kryptowährungen in den Schatten stellte. Der Plan bestand darin, dass die Nutzer Bitcoin auf eine Debitkarte laden und dann online beziehungsweise offline auf der ganzen Welt ausgegeben werden konnte. Ich hatte damals auch schon begonnen, ein paar Videos über Blockchain und Bitcoin zu drehen, aber zögerte noch ein bisschen, weil Bitcoin nach dem Hack einer Börse namens MtGox in den Jahren 2014 und 2015 einen massiven Abwärtstrend erlitten hatte. Wenn du willst, such nach »Julian Hosp Bitcoin und Blockchain 2015« und du wirst eines meiner ersten Videos von damals finden.

Anfang 2016 fanden wir die ersten externen Investoren, und auch PayPal begann in seinem Inkubator, unser Unternehmen für weiteres Wachstum zu unterstützen. Ich entschied mich daraufhin, mich Vollzeit dem Unternehmen zu widmen – es war nicht mehr das Ziel das ganze nur ein bisschen in Teilzeit, sondern Vollgas zu machen. Ich wurde Präsident und das Gesicht des Unternehmens. Ferner wurde mir klar, wie wichtig die allgemeine Aufklärung der Öffentlichkeit über Blockchain und Kryptowährungen war, nach Abraham Lincolns Motto: »The best way to predict the future is to create it« (zu Deutsch:

Wer seine Zukunft vorsehen will, muss sie selbst erschaffen). Deshalb habe ich einen YouTube-Kanal (www.youtube.com/julianhosp), eine Facebook-Gruppe (www.facebook.com/groups/kryptoganzeinfach) und einen Podcast (http://kryptoshow.libsyn.com) gegründet – alle gehören zu den größten der Welt.

Es ist zu meiner persönlichen Mission geworden, den Menschen zu verstehen zu helfen, was Kryptowährungen sind und wie sie funktionieren, um bis 2025 mit diesem Thema die finanziellen Möglichkeiten von mindestens einer Milliarde Menschen zu erweitern.

Ich weiß, das hört sich nach einer verrückten Mission und Vision an, aber ich glaube ganz fest daran, dass es möglich ist. So wurde dann auch die Marke und der Hashtag #CRYPTOFIT geboren, um Menschen fit im Bereich Krypto zu machen. Bis heute habe ich Hunderte Artikel über Blockchain und Kryptowährungen in Magazinen geschrieben, Dutzende Fernsehinterviews gegeben und Podcast-Gespräche geführt, und die Gründer- und Unternehmerplattform Influencive hat mich zu einem der Top-Krypto-Experten ernannt, denen man im Jahr 2017 folgen sollte: https://www.influencive.com/top-blockchain-cryptocurrency-experts-folgen-2017.

WAS MACHT DIESES BUCH ANDERS ALS ANDERE KRYPTO-BÜCHER?

Abgesehen von der einfachen Sprache werden dir schon ein paar Dinge aufgefallen sein, wenn du versucht hast, das Kryptosystem zu verstehen:

- Es ist unglaublich schwierig, herauszufinden, womit man beginnen soll. Dieses kurze und einfach geschriebene Buch macht diese Entscheidung so simpel wie möglich. Besonders diejenigen, die schon früh auf Kryptowährungen gesetzt haben, haben oft einen sehr technischen Hintergrund. Das führt dazu, dass ihre Erklärungen für Laien verwirrend sind. Als Arzt habe ich eher einen wissenschaftlichen Hintergrund, der es mir erlaubt, komplexe Ideen mit einfachen Begriffen zu erklären und trotzdem das Wesentliche zu vermitteln. Darum geht es meiner Meinung nach ganz besonders: Dinge supereinfach zu halten.
- Einige Experten im Bereich des Krypto-Ökosystems befinden sich NICHT *im* System. Sie berichten nur von außen. Es ist ein großer Unterschied, ob man drinnen oder draußen ist. Darum ist es mir sehr wichtig, nicht nur ein Buch zu diesem Thema zu schreiben, sondern selbst ein Unternehmen im Kryptosystem aufzubauen.
- Einige Leute behaupten, Blockchain-Experten zu sein, um dann ihren Followern ihre eigene Meinung aufzutragen. Der überall vorherrschende Mangel an Wissen ermöglicht es vielen Betrügern, Menschen auszunutzen. Ich setze mich dafür ein, Menschen durch größtmögliche Transparenz zu schulen. Ja, natürlich freue

ich mich, wenn Leute die Produkte und Dienstleistungen meines Unternehmens nutzen, aber das Hauptziel besteht darin, dem Benutzer dieses aufregende Ökosystem näherzubringen. Sei also vorsichtig, wem du tatsächlich folgst und zuhörst.

– Viele selbsternannte Vordenker sind auf ein bestimmtes Thema fixiert und blicken nicht über den Tellerrand hinaus. Sie legen sich auf eine bestimmte Kryptowährung oder ein bestimmtes Projekt fest – alles andere ist dann »schlecht« oder »böse«. Doch die wahre Ideologie der Blockchain geht weit darüber hinaus. Für mich geht es um die Idee, ein dezentrales System – was das eigentlich bedeutet, wirst du bald herausfinden – mit der zentralen Welt zu verknüpfen. Notwendig ist ein Mix, kein Entweder-Oder. Ich sehe mich nicht als »Fanatiker«, der versucht, dich von einem einzelnen Coin oder Token zu überzeugen oder etwas schlechtzumachen. Ich möchte, dass du das Ökosystem als Ganzes kennenlernst.

Simplicity

Complexity

Ich bin froh, dass du dieses Buch in die Hände bekommen hast, denn ich kann dir versichern, dass es dir am allermeisten dabei helfen wird, #CRYPTOFIT zu werden.

Wenn du noch mehr Details zu meiner Person erfahren möchtest, besuche mich auf meiner persönlichen Website (www.julianhosp.de).

Wenn du ein Buch über mein Leben vor der Begegnung mit Kryptowährungen lesen möchtest, geh auf Amazon und such nach »25 Geschichten für mein jüngeres Ich« beziehungsweise nach »Grenzenlos Erfolgreich«, wenn du lernen möchtest, was knallhartes Mindset bedeutet.

Für Updates folge mir auf Social Media: www.facebook.com/julianhosp (du weißt ... Facebook ;-))

www.twitter.com/julianhosp (regelmäßige Gedankenanstöße)

www.linkedin.com/ln/julianhosp (viele professionelle Themenbeiträge)

www.xing.com/julianhosp (wie LinkedIn, aber auf Deutsch)

www.youtube.com/julianhosp (wöchentliche Videos auf Deutsch)

www.instagram.com/julianhosp (private Bilder)

www.julianhosp.com/podcast (Deutscher Kryptoshow-Podcast)

Wir haben drei tolle Communitys, die du unbedingt besuchen solltest, wenn du dich mit Gleichgesinnten austauschen willst. Dies ist gerade in diesem schnelllebigen Ökosystem wichtig: Deutsche Facebook-Community für Fragen und Antworten: www.facebook.com/groups/kryptoganzeinfach

Englische Facebook-Community für Fragen und Antworten: www.facebook.com/groups/cryptofit

---

TIPP

Bevor du weiterliest – hast du dir schon das zwanzigseitige Arbeitsbuch einschließlich der Zusammenfassung aller Kapitel heruntergeladen? Das brauchst du, um wirklich immer die aktuellsten Infos zu haben und so den Inhalt des Buches noch besser zu verstehen: www.cryptofit.community/arbeitsbuch

---

Genug über mich, jetzt geht's darum, dass du #CRYPTOFIT wirst. :-)

KAPITEL I – VON GOLD ZU KRYPTO

Ich kann mir vorstellen, dass du nun am liebsten direkt damit einsteigen würdest, in Kryptowährungen zu investieren und damit Geld zu verdienen. Doch wenn du die Ideen wirklich nachhaltig verstehen willst, die hinter Kryptowährungen und Blockchain stecken, und wenn und du dir ein eigenes Bild zu dem ganzen Ökosystem machen willst, dann müssen wir mit den Basics anfangen. Dies bedeutet, zuallererst zu begreifen, was Geld denn eigentlich ist. Keine Sorge, das ist spannender, als du vielleicht gerade denkst.

WAS IST GELD?

Man könnte Geld als eine seltsame Form von Energie beschreiben. Nicht die Form von Energie, von der wir als Wissenschaftler sprechen. Sondern in der Form, dass Geld eigentlich nichts anderes macht, als Wert zu speichern, zu erhalten, um ihn dann einzutauschen. Dieser Wert oder diese Energie kann dann in alle möglichen Dinge wie Dienstleistungen oder andere Produkte umgewandelt werden.

WICHTIG

In seiner reinsten Form muss Geld drei Funktionen erfüllen:
1. Wertaufbewahrungsmittel
2. Transportmedium
3. Rechnungseinheit

WAS IST EINE WÄHRUNG?

Schlussendlich geht es darum, dass die Nutzer eines Geldes darauf vertrauen, dass 1. bis 3. funktioniert. Dann wird das betreffende Medium als Geld anerkannt. Unterschiedliche Gruppen kreieren ihre eigenen Arten von Geld, was wir als Währung bezeichnen.

Geld ist ein Konzept, eine Währung
ist die eigentliche Ausführung.

WIE FUNKTIONIERT GOLD ALS GELD?

Wie du wahrscheinlich weißt, haben sich diese Währungen als unterschiedliche Formen des Geldes in den letzten Jahrhunderten enorm gewandelt: von physischen Münzen und Papieren vor Tausenden von Jahren zu digitalen Versionen in den letzten Jahren. Der Handel mit Tieren, Salz, Zucker und anderen Gütern begann ca. im Jahre 10 000 v. Chr. Damals wurden die Güter direkt als »Währung« verwendet. Etwa 2000 v. Chr. begann die Verwendung von Gold als »Geld«. Der Grund dafür lässt sich durch die drei oben genannten Funktionen von Geld leicht herleiten: Tiere, Steine oder viele andere Dinge eignen sich einfach nicht gut dafür, Wert zu speichern. Sie sind nur schwer zu transportieren und teilweise schwierig zu messen oder zu vergleichen.

Die Nutzung der ältesten bekannten Währung, Gold, hatte einige sehr wichtige Vorteile gegenüber der Verwendung anderer Güter. Im Allgemeinen deckt Gold die drei Funktionen von Geld mit diesen Eigenschaften ab:

1. Gold ist selten und kann nicht reproduziert werden. Es wächst nicht auf Bäumen. Es aus dem Boden zu holen, erfordert Arbeit und verursacht Kosten. Andere Güter wie Tiere, Zucker oder Salz erfüllen dieses Kriterium nicht unbedingt. Gold kann nicht sterben, nicht verderben oder verändert werden und es lässt sich nicht verändern. Gold kann zwar für Schmuck verwendet werden, aber es ist und bleibt Gold. Gold ist also ein **gutes Wertaufbewahrungsmittel**, vor allem weil es rar ist und sich nicht verändert.

2. Gold ist transportabel. Gold hat eine sehr hohe Dichte und benötigt nur sehr wenig Platz. Dies ist ein großer Vorteil beispielsweise im Vergleich zu lebendem Vieh, und diese Eigenschaft macht Gold zu einem guten **Transportmedium**.

3. Gold ist fungibel. Dies bedeutet, dass eine Unze reines Gold gleich ist wie jede beliebige andere Unze reinen Goldes. Es gibt keine Unze, die mehr oder weniger wertvoll ist. Zwei halbe Unzen Gold haben den gleichen Wert wie eine ganze Unze. Dies macht den Handel einfach und ist einer der Hauptgründe, warum die Menschen irgendwann die Verwendung von Muscheln oder Edelsteinen als Zahlungsmittel aufgegeben haben. Bei Diamanten gibt es zum Beispiel die 4-C-Regel: Carats, Color, Cut, Clarity (Gewicht in Karat, Schliff, Farbe, Reinheit). Basierend auf diesen drei Faktoren wird der Wert eines Diamanten definiert. Während also zwei Steine gleich aussehen können, kann der eine wertlos und der andere wertvoll sein. Gold hingegen funktioniert gut als **Rechnungseinheit**.

Aufgrund dieser drei Eigenschaften vertrauen die Menschen auf Gold als Zahlungsmittel.

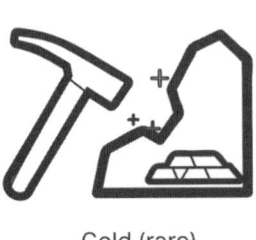

Gold (rare)

Money on tree

Vertrauen ist der wichtigste Faktor, wenn es um Geld geht. Denn ich akzeptiere dein Stück Gold nur dann, wenn ich weiß, dass es auch ein anderer danach akzeptieren wird. Dieser essentielle Punkt ist ausschlaggebend, und wir werden ihn uns immer wieder anschauen, wenn wir von unterschiedlichen Währungen sprechen. Niemand weiß den genauen Zeitpunkt, wann die Menschen Gold als Geld einsetzten, doch historisch gesehen waren es wahrscheinlich einfach die ausgeprägten Charakteristika, die dem Gold seine Rolle als Zahlungsmittel eingebracht haben. Im Laufe der Jahrtausende, in denen Gold dann als primäres Zahlungsmittel fungierte, wurde dieses Vertrauen zur Gewohnheit, und wenn wir heute Menschen fragen, was denn das »beste Geld« sei, so lautet die Antwort sehr häufig: »Gold.« Was würdest du antworten? Wir werden jedoch in Kürze erkennen, dass Gold gar nicht so gut ist wie ursprünglich angenommen.

WAS IST DER INHÄRENTE WERT VON GOLD?

Gold hat KEINEN inhärenten Wert. Gold kann man nicht essen, trinken oder für etwas Lebensnotwendiges verwenden. Der Wert von Gold liegt im geschichtlich gewachsenen Vertrauen begründet: Die Charakteristika, in den vergangenen Jahrtausenden als bestes Geld fungiert zu haben, wird Gold auch künftig nicht verlieren. Es wird auch weiterhin Vertrauen genießen, auch wenn es per se keinen inhärenten Wert hat.

Diese Erkenntnis ist essenziell, gerade wenn wir über weitere Währungen sprechen, welche wir Menschen instinktiv als »schlechter« als Gold einstufen. Wir müssen uns ehrlich die Frage stellen, warum die jeweilige Währung schlechter ist – und dürfen uns dabei nicht durch die »Gewohnheit« austricksen lassen: »Nur, weil etwas immer schon so war, wird es auch weiterhin so bleiben.« Diese Aussage stimmt einfach nur bedingt.

Nachdem Gold für ca. 3 500 Jahre (von 2000 v. Chr. bis 1500 n. Chr.) als primäre Währung verwendet wurde, wurden den Menschen ein paar Nachteile bewusst, die ihnen auf den ersten Blick gar nicht aufgefallen waren:

1. Gold war zwar als reines Material rar, doch gab es genug Fälscher, die billigere Materialien wie Kupfer beimengten und auf diese Weise Goldmünzen »vermehren« konnten. Für den Durchschnittsbürger war es unglaublich schwer zu erkennen, wie rein (und damit wie wertvoll) eine vermeintliche Goldmünze wirklich war. Man gewann über die Jahrtausende die Erkenntnis, dass Gold doch kein so gutes **Wertaufbewahrungsmittel** war wie ursprünglich angenommen.
2. Gold ist unglaublich schwer. Das war ja ursprünglich der Grund dafür, es als Zahlungsmittel zu akzeptieren. Denn ein somit hoher Wert nahm wenig Platz in Anspruch. Doch vielleicht gäbe es ja doch etwas Leichteres, das genau so wenig Platz beanspruchte, denn als **Transportmedium** wurden Goldmünzen den Menschen allmählich zu schwer.
3. Der dritte Punkt war die Schwierigkeit, Gold zu teilen. Zwei halbe Unzen Gold sind zwar gleich viel wert wie eine ganze Unze, doch wie lässt sich die ganze Unze in zwei halbe Unzen

teilen? Das war nicht so einfach, und so machten sich die Menschen auf die Suche nach einer besseren **Rechnungseinheit**.

WAS IST PAPIERGELD GEKNÜPFT AN GOLD?

Ungefähr ab dem 15. Jahrhundert fanden Menschen eine neue Währung: Geld aus Papier, das an Gold geknüpft war. Papier per se war ja nicht selten, doch es war leicht, gut zu teilen und bot eine gewisse Fälschungssicherheit, wenn man es nur kompliziert genug bedruckte. Um dieses Papier jedoch wertvoll zu machen, musste es als sogenannter **Schuldschein** mit Gold verknüpft werden. Wer eine Unze Gold zur Bank brachte, bekam einen einzigartigen Schuldschein, der bestätigte, dass der- oder diejenige dieses Gold besaß. Anstatt das Gold als Geld zu verwenden, konnte die betreffende Person nun den Schuldschein als neue Währung mit all den Vorteilen verwenden, die sie bot. Lass uns kurz die drei Charakteristika dieser neuen Währung überprüfen, um zu verstehen, ob sie als Geld tauglich war oder nicht:

1. Papier ist per se nicht rar, da es aber an Gold geknüpft ist, kann man nur Schuldscheine in dem Gegenwert ausgeben, den man in Form von Gold im Boden findet. Deshalb ist es rar. Da Schuldscheine auch schwerer zu fälschen waren als Gold, waren sie sogar das **bessere Wertaufbewahrungsmittel.**
2. Ein Stück Papier ist viel leichter, beansprucht aber dennoch nicht mehr Platz als die repräsentierte Unze Gold. Es eignet sich daher **besser als Transportmedium.**
3. Man konnte die Schuldscheine in kleineren Stückelungen ausgeben als Gold, und so waren sie zudem eine noch bessere Rechnungseinheit als Gold.

Die Vorteile lagen auf der Hand: Schuldscheine waren definitiv eine bessere Währung als Gold. Deshalb war es auch ein Leichtes, die Bürger davon zu überzeugen, ihr Vertrauen in diese neue Papierwährung zu setzen, die ja einfach bestimmte Mengen von Gold repräsentierte. Das Vertrauen war entscheidend, denn nur aufgrund dieses Vertrauens konnte sich das Papiergeld in den folgenden Jahrzehnten durchsetzen.

WAS IST FIAT-GELD?

Wenn du nun heute dein Papiergeld ansiehst, fragst du dich vielleicht, warum so viele Menschen behaupten, dass dieses Geld »schlechter« sei als Gold. Gerade eben hast du doch gelesen, wie gut es angeblich sei. Das liegt an einem Trick, von dem 450 Jahre nach der Einführung der Schuldscheine in den 1920er-Jahren Gebrauch gemacht wurde: Zentralbanken auf der ganzen Welt gaben den sogenannten Goldstandard auf, in dem jeder Schuldschein an ein Stück Gold geknüpft war. Stattdessen fingen sie an, dieses Papiergeld einfach vermehrt zu drucken. Der Gedanke, der dahintersteckte, war einfach: Die meisten Menschen wollten ihren Schuldschein ohnehin nie gegen Gold eintauschen. Warum also nicht einfach das Papiergeld vermehren, auf das die Menschen doch blind vertrauten?

Bis heute, knapp 60 Jahre später, ist dies den wenigsten Menschen bekannt: Deine Währung, egal ob Euro oder Schweizer Franken ist nicht mehr mit Gold gedeckt. In der Fachsprache nennt man dieses neue Geld **Fiat-Geld**. Das hat nichts mit der Automarke Fiat zu tun, sondern das Wort »fiat« bedeutet »es werde«, und das unterstreicht einfach nur, dass heutige Banknoten keinen Anspruch auf Herausgabe einer bestimmten Menge Gold begründen. Heutiges Geld setzt einfach nur Vertrauen in die Zentralbank voraus, Vertrauen darauf, dass sie dieses Geld wieder zurücknimmt. Dies ist ein essenzieller Punkt, denn es stellt sich die im folgenden Abschnitt angesprochene Frage.

WAS IST VERTRAUEN IN GELD?

Die meisten Menschen denken, Vertrauen in Geld sei allein dadurch begründet, dass es durch Gold gedeckt sei. Das ist aber nur bedingt richtig, denn Gold per se hat ebenfalls keinen Wert. Das Vertrauen in jegliches Geld basiert darauf, dass eine Währung die drei oben genannten Charakteristika erfüllt. Gold erfüllt sie alle, und deshalb akzeptieren wir es auch als Basis für Papierwährungen mit Goldstandard. Schuldscheine, geknüpft an Gold (NICHT gedeckt durch Gold, denn Gold selbst ist durch nichts gedeckt), sind auch eine gute Währung. Durch den Trick der Zentralbanken, die volle Kontrolle über eine Währung zu übernehmen, ändert sich jedoch nun zumindest eines der drei Charakteristika komplett:

1. Wertaufbewahrungsmittel: Das neue Fiat-Geld ist nur dann ein gutes Wertaufbewahrungsmittel, wenn die Zentralbank nicht einfach neues Geld druckt. Da du das als Bürger nicht machen kannst, baut das Vertrauen in dieses Charakteristikum alleine darauf auf, dass die Banken und Staaten vernünftig damit umgehen. In den meisten Fällen passiert das auch. Was ist allerdings, wenn ein Staat eine Inflation hervorruft, sprich neues Geld druckt? Vielleicht hast du schon einmal gehört, dass die jährliche Inflation 4 bis 5 % beträgt. Dies bedeutet, dein Geld verliert jedes Jahr 4 bis 5 % an Wert. Nachdem du selbst kein neues Geld drucken kannst, sinkt der Wert deines Geldes. Fiat-Geld kann also ein gutes, aber auch ein schlechtes Wertaufbewahrungsmittel sein. Es hängt einzig und allein von der Zentralbank ab.
2. Transportmedium: Hier hat sich nichts geändert im Vergleich zu den an Gold geknüpften Schuldscheinen.
3. Rechnungseinheit: Hier hat sich ebenfalls nichts geändert im Vergleich zu den Schuldscheinen.

Durch Fiat-Geld wurde Geld zum ersten Mal zentralisiert.

WAS IST ZENTRALISIERUNG?

*Zentralisierung bedeutet, dass eine einzige zentrale Institution
wie eine Regierung oder Zentralbank über etwas wie z.B.
eine Währung bestimmt, und nicht mehr etwas Dezentrales
wie Gold, über das niemand einfach so regieren kann.*

Centralization   Decentralization

Damit ein Geldsystem funktioniert, müssen drei Dinge geregelt sein:

1. der Zugang zu Geld
2. das Senden und Empfangen von Geld
3. die Menge des Geldes

Bei Gold waren diese Dinge automatisch dezentral geregelt. Niemand und jeder war verantwortlich. Beim Fiat-Geld ist die Zentralbank jeder Regierung für die drei genannten Punkte verantwortlich. Das Vertrauen in Fiat-Geld im Vergleich zum Vertrauen in Gold oder daran geknüpfte Schuldscheine hat sich dadurch komplett geändert: Anstatt aufgrund der inhärenten Charakteristika der Währung darauf zu vertrauen, dass sie als Geld funktioniert, wie die Geschichte gezeigt hat, muss man nun einer zentralen Organisation Vertrauen schenken. In den meisten Fällen passt das auch, doch wie die Geschichte mit den Beispielen zur Reichsmark etc. gezeigt hat, bedeutet »meistens« NICHT »immer«.

Diese Zentralisierung kam einen weiteren Schritt voran, als Geld um die Jahrtausendwende herum immer mehr digitalisiert wurde. Während es im Vergleich zum Handel mit echten Tieren oder mit Gold viel bequemer ist, Zahlen auf einem Bildschirm zu tauschen, hat digitales Geld einen entscheidenden Nachteil: Die Vermehrung von Tieren oder Gold, um mehr Geld zu bekommen, ist nicht einfach. Sie erfordert Arbeit beziehungsweise Zeit. Das Drucken von mehr Papiergeld ist schon deutlich schneller – natürlich nur, solange man die dafür verantwortliche zentrale Organisation ist. Doch digitales Geld auf einem Bildschirm zu vervielfachen ist so einfach, wie bei einem Kontostand einige Nullen hinzuzufügen.

Je mehr das Geld der Digitalisierung unterlag, desto stärker wurde es zentralisiert. Die zentrale Institution entscheidet darüber, wer ein Konto eröffnen kann, wie die Transferlimits gehandhabt werden und wie hoch oder niedrig die Salden der einzelnen Kontobesitzer sind. Wenn das nicht der Fall wäre, könnte jeder Beteiligte nach Belieben Geld auf seinem Computer vervielfachen. Mit Gold oder physischem Geld war das nicht so einfach möglich, denn etwas Physisches ist eben nicht einfach so reproduzierbar.

In den meisten Fällen ist es völlig in Ordnung, wenn eine zentrale Institution die Verantwortung innehat. Solange die Leute ihr vertrauen und sie die Macht nicht missbraucht, hat digitales Geld seine Vorteile:

- Lagerkosten und Transport sind im Vergleich zu physischen Gütern wesentlich geringer.
- Wer eine 100-Euro-Note hat, kann sie nicht einfach halbieren, um zwei Fünfziger zu bekommen. Bei digitalem Geld ist dies einfach nur ein Split in zwei kleinere Summen.
- Digitales Geld ist viel schneller transferierbar als physisches.
- Weitere Akzeptanzstellen hinzuzufügen, ist einfacher, da der Austausch verschiedener Währungen auf technischer und nicht auf physischer Ebene stattfinden muss.

Die zentralen Institute entscheiden in einem solchen zentralen System jedoch beispielsweise darüber ...

- ... wann du auf dein Geld zugreifen darfst (zum Beispiel von Montag bis Freitag von 9 bis 17 Uhr)
- ... wie viel du bezahlst, um auf dein Geld zuzugreifen (Abhebungs- und Überweisungsgebühren)
- ... wie viel Geld du jederzeit haben kannst (Überweisungs- und Abhebungslimits)
- ... wer tatsächlich auf das Geldsystem zugreifen darf (Milliarden von Menschen auf der ganzen Welt haben zum Beispiel keinen Zugang zum Bankensystem)
- ... wie viel Geld du wirklich auf dem Konto hast (Es gibt genug Länder, auch in der Ersten Welt, in denen Kontostände verringert oder Konten eingefroren werden; siehe Zypern, Griechenland und Co.)
- .. wie groß die tatsächliche Geldmenge ist (Inflation, Deflation, Zinssätze usw.)

Deshalb stellen sich viele Menschen die Frage, ob das bestehende Vertrauen in die Zentralbank gerechtfertigt ist oder ob es denn nicht vielmehr möglich sei, zwar ein digitales (also nicht physisch vorhandenes) Währungssystem mit all seinen Vorteilen zu haben, jedoch ohne zentrale Partei mit all ihren Schattenseiten. Wie sieht denn ein dezentrales System im Detail aus? Dazu gleich mehr im nächsten Abschnitt.

WAS IST DEZENTRALISIERUNG?

Ein dezentrales System ist ...

- ... vollständig offen für jedermann, der sich anschließen will.
- ... ganz ohne Grenzen.

- ... zugänglich 24/7, also an 24 Stunden pro Tag und sieben Tagen pro Woche.
- ... mit klaren Regeln versehen, die jeder sehen und verfolgen kann.
- ... absolut vertrauenswürdig, denn die Verwender müssen lediglich dem System selbst vertrauen und eben nicht einer zentralen Partei.
- ... sehr schwierig zu hacken, da keine zentrale Partei das ganze Geld hat.
- ... noch sicherer vor Diebstahl durch Multi-Signature-Möglichkeiten. Es ist nicht ein Safe, den man hacken müsste, um zum Beispiel Gold zu stehlen, sondern man könnte das digitale Geld an unterschiedlichen Orten auf der ganzen Welt platzieren, die für einen Diebstahl gleichzeitig gehackt werden müssten (mehr dazu später).

Während sich all das in der Theorie wirklich gut anhört, müssen wir es mit den Charakteristika eines Goldstandards vergleichen, um zu verstehen, ob ein solches dezentrales und rein digitales System auch wirklich als Währung taugen könnte:

1. **Wertaufbewahrungsmittel:** Diese Funktion wird bei einer digitalen, dezentralen Währung zum wahren Problem. Denn wenn keine zentrale Instanz verantwortlich ist, kann jeder Teilnehmer einfach neues Geld drucken. Niemand kann den anderen kontrollieren. Die Geldmenge ist nicht reguliert, Geld ist NICHT rar und eignet sich daher schlecht als Wertaufbewahrungsmittel.
2. **Transportierbarkeit:** Da die Währung digital ist, lässt sie sich ausgezeichnet transportieren beziehungsweise quer über den Globus transferieren.
3. **Rechnungseinheit:** Digitales und dezentrales Geld eignet sich hervorragend, da mit digitalen Summen hervorragend gerechnet werden kann.

Vertrauen in eine solche neue, dezentrale Währung kann nur dann entstehen, wenn die essenziellen Anforderungen an ein Geldsystem, wie Geldversorgung, Zugriffsmöglichkeiten sowie Empfangen und Senden, gelöst werden, und wenn zudem nicht einfach Geld aus dem Nichts erschaffen werden kann. Dies ist ja der Grund, warum wir bisher zentrale Kontrollstellen verwendet haben. Wenn man aber für diese bestehenden Probleme eine Lösung fände, hätten wir ein nahezu perfektes System. Lange Zeit versuchten Menschen, dieses Problem der »Knappheit« in einem dezentralisierten System zu lösen, in dem niemand per se verantwortlich war. 2008 war es dann so weit, wie du im nächsten Kapitel lesen wirst.

ARBEITSBUCH

Am Ende eines jeden Kapitels solltest du im Arbeitsbuch die Zusammenfassung der Dinge durcharbeiten, die du bisher gelernt haben solltest. Wenn du es noch nicht heruntergeladen hast, solltest du das spätestens jetzt tun. Es hilft dir dabei, den Inhalt noch besser zu verstehen und eventuelle Updates zu erhalten: www.cryptofit.community/arbeitsbuch

Hier ist ein Beispiel aus dem Arbeitsbuch zu diesem Kapitel:

- Was ist Geld?
- Was ist eine Währung?
- Wie funktioniert Gold als Geld?
- Worin besteht der inhärente Wert von Gold?
- Was ist Papiergeld, wenn an Gold geknüpft?
- Was ist Fiat-Geld?
- Was ist Vertrauen in Geld? Was ist Zentralisierung?
- Was ist Dezentralisierung?

KAPITEL 2 – GRUNDLAGEN ZU BLOCKCHAIN UND KRYPTOWÄHRUNGEN

Eine zugleich digitale und dezentrale Währung gibt es längst, genauer gesagt sogar mehrere. Auf welchen Grundlagen sie erschaffen wurden, dazu liefert dieses Kapitel die nötigen Informationen.

WAS BEDEUTET DOUBLE SPENDING?

Das Double Spending Problem (zu Deutsch: Doppel-Ausgaben-Problem) kann am besten anhand des Beispiels eines Bildes auf dem Handy verstanden werden. Wenn ich auf Facebook ein Bild hochlade, habe ich eine Kopie angefertigt, und es hat mich im Grunde nichts gekostet. Ich kann dieses Bild dann zum Beispiel auch auf Instagram hochladen, wieder ohne nennenswerte Kosten. Ich habe mein Bild nun doppelt verwendet. Da das niemandem schadet und niemanden beeinflusst, interessiert mein Tun auch keinen. Es wird deshalb auch nicht überwacht, ob ich besagtes Bild einmal, zweimal oder sogar hundertmal hochlade.

Stelle dir vor, es gäbe eine digitale Währung namens Julian-Coin (zu Deutsch: Julian-Münze). Angenommen, Bob hätte einhundert Julian-Coins, und er sendet sie alle an Freund A. Dann jedoch macht er es genau wie mit dem Bild, und er kopiert die einhundert Julian-Coins buchstäblich ohne Kosten und schickt die zusätzlich kreierten einhundert Julian-Coins an einen anderen Freund. Er hätte also das Gleiche wie mit dem Bild gemacht, bei dem es keinen gekümmert hat. Diesmal interessieren sich jedoch andere für dieses Tun, weil Geld eine Form von Wert und Vertrauen darstellt. Normalerweise hätte eine Bank sichergestellt, dass Bob es nicht doppelt hätte ausgeben können. Wenn wir jedoch die im vorherigen Kapitel besprochene dezentralisierte Lösung haben wollen (also eine Lösung OHNE zentrale Institution), müssen wir einen Weg finden, solche Doppelausgaben zu vermeiden, ohne eine zentrale Kontrollinstanz zu haben.

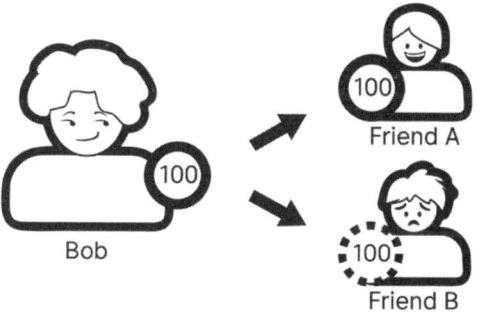

WICHTIG

Double Spending bedeutet, etwas doppelt ausgeben zu können. Bis 2008 galt dies nur als vermeidbar durch den Einsatz einer zentralen Institution.

Im Jahr 2008 veröffentlichte ein gewisser Satoshi Nakamoto eine Lösung zu diesem Problem in dem Whitepaper: »Bitcoin: Ein elektronisches Peer-to-Peer-Cash-System« (https://bitcoin.org/bitcoin.pdf). Niemand weiß, wer dieser Satoshi Nakamoto ist, woher er kommt und ob es ihn überhaupt gibt. Zahlreiche Theorien über seine Identität – von einer Einzelperson über Gruppen bis hin zur CIA – wurden bereits aufgestellt und widerlegt. Doch egal, wer er/sie ist, die bahnbrechende Idee in diesem achtseitigen Artikel ist die Einführung einer Blockchain, um dieses Double-Spending-Problem zu vermeiden.

WAS IST EINE BLOCKCHAIN?

Eine Blockchain ist eine vollständige und unveränderliche Transaktions-Historie zu allen Transaktionen einer dezentralen Community, der jeder, der ein Teil davon ist, zustimmt.

Diese Transaktions-Historie wird in regelmäßigen Zeitabschnitten aktualisiert. Jeder Teilnehmer der dezentralen Community akzeptiert sie als Realität, speichert sie auf seinem eigenen Computer ab und kann auf diese Weise jederzeit sicherstellen, dass niemand Ausgaben doppelt machen kann, da dies an anderer Stelle zu einem Konflikt in der Transaktions-Historie führen würde.

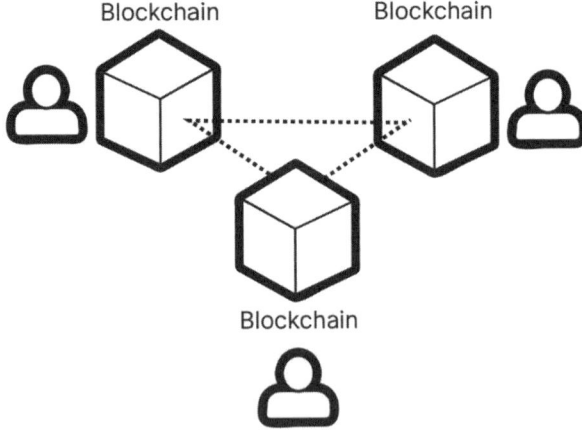

WIE STEHEN BLOCKCHAIN UND DIGITALE WÄHRUNG ZUEINANDER?

Die Blockchain Technologie bietet die Grundlage für die Existenz einer dezentralen digitalen Währung. Eine solche Währung ist eine der Anwendungen, die aufgrund einer Blockchain ausgeführt werden kann. Es gibt jedoch noch viele andere Anwendungsgebiete, wie zum Beispiel Eigentum, Identifikation, Kommunikation und so weiter, die alle ohne eine zentrale steuernde Instanz auskommen wollen.

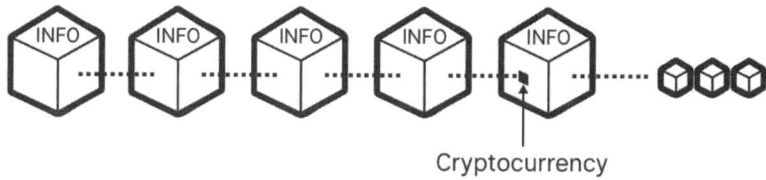

Cryptocurrency

WAS IST EINE KRYPTOWÄHRUNG?

Eine Kryptowährung ist eine digitale Währung auf der Blockchain. Dabei wird jede Regel oder Regulierung in den kryptographischen Algorithmus programmiert. Die Kombination aus dem Begriff »Kryptographie« und dem Begriff »Währung« gibt dieser neuen Art von Geld ihren Namen: Kryptowährung. Eine Kryptowährung ist im Prinzip nichts anderes als eine Währung, die durch Kryptographie gesichert und rar gemacht wird. Genau das würde ansonsten eine zentrale Institution machen.

HIER EIN WENIG NOMENKLATUR:

Blockchain: ist die unveränderliche Transaktions-Historie einer dezentralisierten Community.

Kryptowährung: eine Applikation der Blockchain-Technologie, um mit deren Hilfe Informationen zur Währung per Kryptographie zu sichern.

Bitcoin (Großbuchstabe B): Dieser Begriff wird verwendet, um die Idee und das Konzept der ersten dezentralen Kryptowährung auf einer Blockchain zu benennen.

bitcoin(s) (Kleinbuchstabe b): Diese Schreibweise bezeichnet die Währungseinheit von Bitcoin.

Beispiel: »Thomas hat etwas über Kryptowährungen gelernt, aber er ist mehr an der Technologie der Blockchain interessiert als an einer bestimmten Anwendung. Dennoch glaubt er an Bitcoin und hat sich 12,7 bitcoins gekauft.«

WAS WAR DIE ERSTE DEZENTRALISIERTE WÄHRUNG?

Auch wenn Bitcoin als erste Kryptowährung gilt, so war es NICHT die erste dezentrale Währung. Es gab mehrere Kulturen auf der ganzen Welt, die sich weigerten, ein zentralisiertes Währungssystem zu besitzen. Während es sehr schwer zu sagen ist, welches dieser dezentralen Währungssysteme das größte oder das erste war, so steht für mich fest: Das System der Rai-Steine auf der Insel Yap ist sicherlich eines der faszinierendsten. Es beschreibt gleichzeitig das Konzept einer Blockchain und die Idee der Dezentralisierung auf leicht verständliche Art und Weise.

Auf der Insel Yap gab es nicht allzu viel Gold. Um trotzdem eine Währung zu haben, zu der jeder Zugang, über die aber niemand die alleinige Kontrolle hatte, begannen die Menschen, riesige runde Steine zu produzieren, die dann als Währung verwendet wurden. Theoretisch hätte jeder Insulaner diese Steine selbst produzieren können, doch es wurde zu einer spezialisierten Aufgabe, die nur von wenigen ausgeübt wurde, während die anderen es vorzogen, Produkte oder Dienstleistungen zu verkaufen, um solche Steine auf diese Weise als Bezahlung entgegenzunehmen. Somit war das System für alle offen, jeder hatte die gleichen Rechte, und niemand war mehr oder weniger wert als ein anderes Mitglied in der Community.

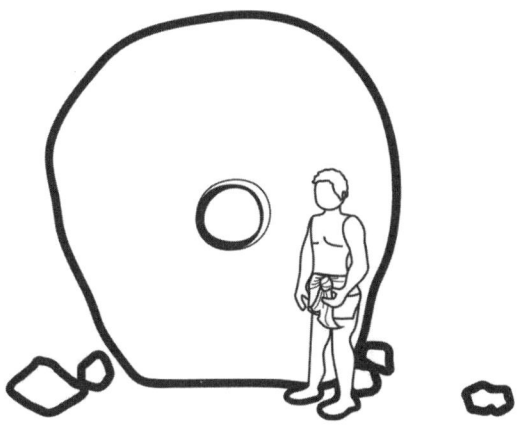

Wenn man sich jedoch die Kriterien für eine Währung ansieht, erkennt man ein wirklich großes Problem: den Transport dieser Steine. Es war ein Albtraum, die großen, runden Steine von einem Ort zum anderen zu transportieren. Denn sie waren ja mit Absicht so groß gemacht worden, um die Produktion zu erschweren. Dies erschien wie bei jeder Währung nötig, damit die Steine auch rar blieben. Die Lösung? Anstatt die Steine zu transportieren, begannen die Inselbewohner, die Steine an spezifischen Orten, wie zum Beispiel vor einer Kirche, vor einem bestimmten Haus oder an anderen Orten zu lagern, und dann den Besitz eines Steins bei der Bezahlung weiterzugeben. Dies funktionierte, indem ein Insulaner nach einem Bezahlvorgang alle anderen auf der Insel informierte, wem er gerade einen der Rai-Steine gegeben hatte. Es wurde also NICHT der Stein weitergegeben, sondern das Wissen darüber, wer einen Stein besaß. Der Stein selbst blieb immer am selben Platz. Damit waren die Steine eine hervorragende dezentrale Währung, da sie eine Wertaufbewahrungsmethode, eine gute Transportmethode und eine für die Insulaner einfache Rechnungseinheit waren. Die Währung basierte auf einem dezentralisierten System, bei dem jeder Insulaner wusste, wer tatsächlich einen bestimmten Stein besaß, und so konnte niemand ein Double Spending durchführen.

Wer das Konzept der Kryptowährungen betrachtet, erkennt, wie ähnlich es dem geschilderten Konzept der Rai-Steine ist. Auffällig ist einzig der Unterschied, dass Rai-Steine physisch und Kryptowährungen digital sind. Deswegen brauchen Kryptowährungen eine Blockchain, die ein Double Spending verhindert, weil durch sie der Besitz eines Coins von jedem Teilnehmer nachvollziehbar ist. Auf Yap wurden die drei Aufgaben eines Geldsystems (Zugang zum Geld, Geldtransport und Geldempfang bzw. Geldversorgung) dezentralisiert, indem die Rai-Steine schwer zu produzieren und durch das Wissen über den Inhaber, nicht aber den eigentlichen Transport, leicht zu »transportieren« waren. Kryptowährungen müssen diese Funktionen ebenfalls lösen. Lass uns diese Punkte nun Schritt für Schritt durcharbeiten.

PS: Vergiss nicht im Arbeitsbuch die Punkte nach jedem Kapitel zum vertieften Verständnis durchzuarbeiten.

KAPITEL 3 – PRIVATE KEYS UND PUBLIC ADDRESSES

Das erste Problem, das wir in einem digitalen Währungssystem lösen müssen, ist ein Kontensystem.

WIE FUNKTIONIERT DEZENTRALES ACCOUNT MANAGEMENT?

Im Bankwesen erhält ein Kunde bei einer Kontoeröffnung eine Kontonummer, damit Menschen ihm Geld senden können. Diese Bankkontonummer ist einzigartig. Es gibt niemanden, der ein Konto mit derselben Nummer hat. Sonst würde ja jemand anderes und nicht der betreffende Bankkunde selbst eine Überweisung erhalten. Auf gleiche Weise funktionieren E-Mail-Accounts: Wenn man sich zum Beispiel bei Gmail oder GMX anmeldet, prüft der Dienst, ob die gewünschte E-Mail-Adresse bereits zuvor vergeben wurde. Indem er Dopplungen gar nicht erst zulässt, werden Adresskonflikte vermieden Dies funktioniert nur, weil Dienste wie eine Bank oder ein E-Mail-Anbieter zentralisierte Dienste sind. Solange sie ihre Arbeit zuverlässig machen, ist alles gut, und wir schenken ihnen unser Vertrauen. Aber was, wenn die Bank beschließt, dein Konto zu schließen, wenn PayPal deinen Account einfriert oder wenn du plötzlich nicht mehr auf deine E-Mails zugreifen kannst? All diese Dienste können dir den Zugriff verweigern, weil sie ein zentralisiertes Account Management mit den dazugehörigen Vor- und Nachteilen haben.

In einem dezentralisierten System können diese Szenarien nicht passieren, weil es keine zentrale Instanz gibt, die die Datenbank der

Konten kontrolliert. Man kann dich nicht ausschließen oder dir irgendetwas wegnehmen. Wie lässt sich in einem solchen dezentralen System dennoch vermeiden, dass zwei Personen dieselbe Nummer oder Adresse beim Anmelden bekommen? Es gibt ein paar großartige Fortschritte in der Blockchain-Technologie, die den meisten Menschen nicht bewusst sind. Die Lösung des Account Managements durch Kryptographie ist eines der Dinge, die hier definitiv dazu gehören und mithilfe eines Private Keys (zu Deutsch: eines geheimen Passworts) und einer Public Address (zu Deutsch: einer öffentlichen Adresse) funktionieren.

WAS SIND EIN PRIVATE KEY UND EINE PUBLIC ADDRESS?

Da es in einem dezentralen System keine Datenbank geben kann, die abgleicht, ob ein Konto bereits vergeben wurde oder nicht, erhält man bei einer »Neukundenregistrierung« einfach ein Konto nach dem Zufallsprinzip. Im Beispiel von Kryptowährungen bezeichnet man diese Nummer als Private Key.

Im Falle von Bitcoin, der bekanntesten Kryptowährung, gibt es 2^{256} (2 hoch 256) Möglichkeiten für einen Private Key. Das ist eine unglaublich hohe Zahl – eine 1 gefolgt von achtzig Nullen – etwa dieselbe Anzahl an Atomen ist im sichtbaren Universum vorhanden: 100 000 0 00 000 000 000 000 000 000 000 000 000 000 000 000 000 000 0 00 000 000 000 000 000 000 000

Normalerweise wird dieser Private Key nicht als Zahl angezeigt, sondern in seiner hexadezimalen Form aus 64 Ziffern und Buchstaben. Zum Beispiel so:
E9873D79C6D87DC0FB6A5778633389F4453213303DA61F20BD67F-C233AA33262

Theoretisch könnte man sich auch hinsetzen und einen Private Key selbst generieren. Da es 2^{256} Möglichkeiten im Falle von Bitcoin gibt, braucht man lediglich ein Papier, einen Stift und eine Münze. Da die Münze zwei Seiten hat und beim Werfen wie ein Zufallsgenerator funktioniert, kann man sie wie einen binären Code verwenden: Kopf ist 0 und Zahl ist 1. Man wirft die Münze nun 256 Mal und schreibt jedes Mal die 0 oder 1 auf das Blatt Papier. Man bekommt so einen 256-stelligen Binärcode für eine Zufallszahl, bestehend aus Nullen und Einsen, den man dann in einen Bitcoin Private Key in hexadezimaler Form umwandeln kann:

0101010101011101010111001010101010101010101010010101010010101
01001 ...

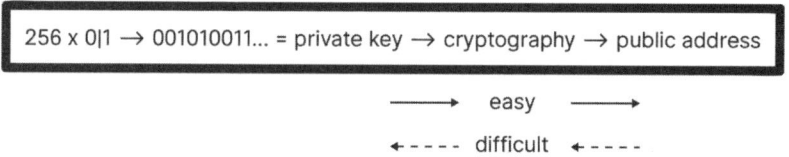

Anstatt diesen Private Key selbst zu erzeugen, lassen die meisten Menschen eine Software, die sogenannte Wallet (zu Deutsch: Geldtasche oder Geldbeutel), diesen Private Key per Zufallsgenerator erzeugen. Dieser Private Key funktioniert ähnlich wie ein E-Mail-Passwort, mit dem du dich beim E-Mail-Konto anmeldest und dann eine E-Mail verschickst, oder wie der Code, mit dem du Geld vom Bankkonto versendest. Der Riesenunterschied in einem dezentralen System ist jedoch der folgende: Anstatt sich die E-Mail-Adresse selbst auszuwählen, wird im Falle einer Kryptowährung die sogenannte Public Address mathematisch vom privaten Schlüssel abgeleitet. Stell dir das so vor, als ob du bei GMX oder Gmail nur ein Passwort eingeben müsstest, weil diesem spezifischen Passwort bereits eine spezifische E-Mail-Adresse zugewiesen wurde. Wenn du dies das erste Mal liest, vergegenwärtige dir das noch einmal kurz, denn es ist wirklich unglaublich wichtig.

Eine Bitcoin-Adresse startet zum Beispiel mit einer 1 oder 3 und besteht aus 34 Zahlen und Buchstaben. Das sieht zum Beispiel so aus:

1HFSx5TPYYzQTQmBXeJNcMhUDT6FNGF11q

Dies ist eine zufällige Adresse, schick also kein Geld dorthin!

Bei Bitcoin erhält man die Public Address eines Private Keys über verschiedenste kryptographische Formeln, wie zum Beispiel Elliptic Curve Cryptography, SHA256- und RIPEMD160. Wenn du das genaue Funktionsprinzip wissen möchtest, gehe einfach auf Google und suche nach »Julian Hosp Kryptographie«. Ich habe viele Videos und Blogbeiträge, in denen ich auf diese Dinge im Detail eingehe.

GEEKY

Falls es dich interessiert, so funktioniert der genaue Algorithmus bei Bitcoin, um von einem Private Key zur Public Address zu gelangen. Dies ist aber NICHT wichtig fürs Verständnis:

1. Starte mit einer zufälligen Zahl zwischen 1 und 2256.
2. Appliziere Elliptic Curve Cryptography, wobei der Private Key der »Multiplier« ist.
3. Jetzt hast du den dazugehörigen Public Key – es ist aber nur ein Zwischenschritt.
4. Führe eine sogenannte »Hash160«-Funktion aus, indem du zuerst eine SHA256-Funktion und dann eine RIPEMD160-Funktion kombinierst.
5. Mach einen Base58Check als sogenannte »CheckSum«, ähnlich wie bei einer Kreditkarte.
6. Jetzt hast du die Public Address.

GEEKY OFF

Das Wichtige an den verwendeten mathematischen Funktionen ist einfach nur, dass es nahezu unmöglich ist, ein »Passwort« (Private Key) zu erraten, wenn man nur die dazugehörige »E-Mail-Adresse« (Public Address) kennt. Es ist jedoch mathematisch sehr einfach, die Public Address zu ermitteln, wenn man den Private Key kennt, welcher diese Public Address erstellt. Wenn du es ein bisschen einfacher und bildhafter haben willst, stell dir vor, der Private Key wäre eine Zufallszahl und die daraus folgende Public Address die zweite Potenz dieser Zahl. Wenn also dein Private Key 8 wäre, ist deine Public Address 8^2, was 64 ist. Dies ist etwas, was die meisten von uns noch auf einem Stück Papier selbst errechnen könnten. Theoretisch wäre das eine Private-Key-zu-Public-Address-Berechnung, bei Bitcoin ist dieser Vorgang aber natürlich um ein Milliardenfaches komplexer. Doch selbst beim reinen Potenzieren ist der Umkehrweg schon deutlich aufwendiger zu berechnen. Wenn ich dir zum Beispiel sage, dass meine Public Address 289 sei, könntest du den Private Key daraus berechnen, indem du die Quadratwurzel ziehst? Wenn du keinen Taschenrechner zur Hand hast, ist der einzige Weg, dies durch aufwendiges Probieren herauszufinden. Quadratwurzel von 289? 15? Nein, zu klein. 20? Nein, zu groß. Irgendwo in der Mitte also. 17? Korrekt!

Das Gleiche gilt für ein sogenanntes Private-Key-Public-Address-Paar: Es ist einfach, eine Public Address aus einem Private Key zu errechnen, aber es ist buchstäblich unmöglich, einen Private Key von einer Public Address abzuleiten. Das oben angeführte Beispiel des Quadrierens war nur eine Vereinfachung. Wie bereits erwähnt, ist der tatsächliche Prozess bei Kryptowährungen milliardenfach härter. Selbst wenn man alle existierenden Computer kombinieren könnte, um den zugehörigen Private Key einer Public Address zu erraten, würde eher das Universum enden, als dass die zusammengekoppelten Rechner die Lösung ermitteln würden.

Im Falle der meisten großen Kryptowährungen ist es buchstäblich so schwer, einen solchen Private Key zu erraten, dass es statistisch gesehen wahrscheinlicher ist, dass man auf eine Wand zulaufen könnte und alle Atome des Körpers einen sogenannten Quantum-Tunneling-Effekt starten. Man könnte dann einfach durch die Wand gleiten, ohne sie jemals zu berühren. Ich weiß nicht, ob du es jemals selbst erlebt oder jemand anderen dabei gesehen hast, wie sich der Körper einfach so durch die Wand beamt. Nein? Ich auch nicht und um ehrlich zu sein, ist es praktisch unmöglich. Doch immer noch wahrscheinlicher, als den Private Key zu erraten beziehungsweise denselben Private Key für zwei Personen zu generieren. Die Sorge, dass jemand denselben Private Key erhält wie du oder dass jemand deinen Private Key erraten könnte, ist also komplett unbegründet. Wenn du mir nicht glaubst, versuche, durch Wände zu laufen. Erst wenn du dich durchteleportieren kannst, solltest du anfangen, dir über deinen Private Key Sorgen zu machen :-).

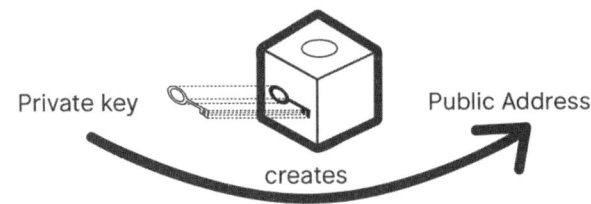

Private key — creates — Public Address

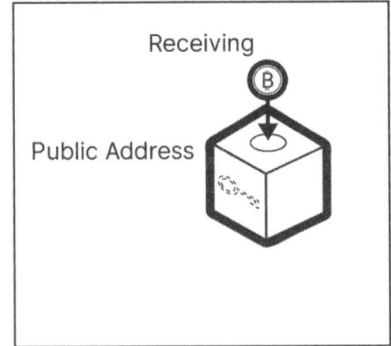

Receiving

Public Address

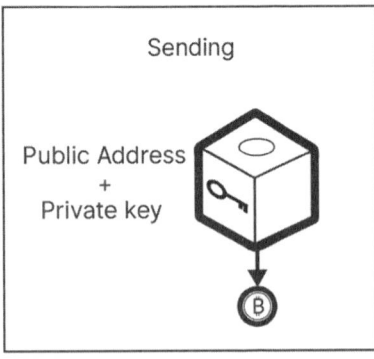

Sending

Public Address
+
Private key

Dezentrale Systeme haben einen interessanten Sicherheits-Nebeneffekt: Da es keine Datenbank gibt, die alle Konten und Passwörter speichert, gibt es keinen zentralen Angriffspunkt. Man könnte also die folgende Frage stellen: »Was ist die sicherere Methode, um eine Milliarde Euro aufzubewahren? Ein Safe (eine zentrale Datenbank), von dem jeder weiß, wo er ist, und bei dem man versuchen muss, durch die Firewalls zu kommen, um die Milliarde zu erhalten? Oder unzählige Boxen, genauer gesagt 2256 Stück (eine Zahl beginnend mit 1 gefolgt von achtzig Nullen), die zwar alle nicht verschlossen sind, bei der aber kein Angreifer weiß, in welcher die Milliarde liegt? Angriffe, bei denen Gelder, Daten oder sonstige Dinge Hackern in die Hände gefallen sind, zeigen, dass zentrale Systeme deutlich anfälliger sind. Im Falle von Bitcoin zum Beispiel ist seit der Entstehung 2009 bis heute kein Fall bekannt, bei dem ein Private Key, der vom Besitzer korrekt erstellt wurde, gehackt wurde. Wenn Medien von einem Hack im Zusammenhang mit Blockchains sprechen, sprechen sie davon, dass Menschen ihren Private Key nicht korrekt abgespeichert haben und Hacker diesen auf einem Computer oder Handy ablesen und übernehmen konnten. Des Weiteren gibt es Fälle, wo Menschen einen getürkten Zufallsgenerator bei der Erstellung verwendet haben und ihnen der Private Key auf diese Weise gestohlen wurde. Gerade deshalb ist es wichtig, im Kapitel über Wallets ganz besonders aufzupassen, damit diese Dinge nicht passieren. Es ist normalerweise supereinfach, mit seinem Private Key sorgfältig und sicher umzugehen und dadurch »unhackbar« zu sein. Genau deshalb liest du ja auch dieses Buch – um #CRYPTOFIT zu werden.

TIPP

Verwende im Kryptowährungsbereich vor allem Services, die Open Source sind. So verhinderst du eine Vielzahl von Problemen.

WAS BEDEUTET OPEN SOURCE?

Open Source bedeutet, dass der eigentliche Code, der wie ein Programm oder auch eine Blockchain geschrieben wird, öffentlich verfügbar ist und von jedermann abgerufen und überprüft werden kann. Dies ermöglicht anderen, Code Tests durchzuführen, Verbesserungsvorschläge zu machen beziehungsweise eine Warnung zu lancieren, wenn Dienste fehlerhaft oder mit Schadprogrammen behaftet sind. Bei Blockchain und Kryptowährungen ist dieser Aspekt für eine offene und integrative Gemeinschaft von wesentlicher Bedeutung.

Wofür brauchen wir eigentlich einen Private Key und eine Public Address? Jeder darf deine Public Address (E-Mail-Adresse) kennen, damit du Geld erhalten kannst, aber du darfst niemandem deinen Private Key (E-Mail-Passwort) geben, da sonst jeder Geld von deiner Public Address versenden könnte. Genauso kann jeder eine E-Mail an dich senden, wenn er deine E-Mail- Adresse kennt, aber nur du als Person mit dem Passwort zu dieser E-Mail-Adresse kannst auch E-Mails von deinem Account senden. Ja, mir ist schon klar, dass einige Hacker versuchen, durch Phishing-E-Mails eine Adresse vorzutäuschen, aber du verstehst durch dieses Beispiel den Unterschied und damit die Wichtigkeit von Private Key und Public Address.

Der Hauptvorteil besteht darin, dass dieses System zu 100 % integrativ ist. Es erlaubt buchstäblich jedermann, einer Blockchain-Gemeinschaft beizutreten. Nichts und niemand kann ein potenzielles Mitglied blockieren, da es nur einen Private Key generieren und die Public Address daraus ableiten muss. Das funktioniert unabhängig von Rasse, Geschlecht, Alter oder Herkunft. Es gibt keinen Ausschluss. Der Vorgang lässt sich auch nicht blockieren, da er theoretisch auch per Hand mit Münze, Papier und Bleistift durchgeführt werden kann. So wird hoffentlich klar, wie wertvoll diese Funktion ist, insbesondere wenn man all jene Regionen der Welt betrachtet, in denen herkömmliche Bankensysteme noch sehr begrenzt und nur bestimmten elitären Gruppen zugänglich sind.

> ## WICHTIG
>
> Die wichtigste Lektion, die du aus diesem Kapitel mitnehmen MUSST, ist NIEMALS – und ich meine wirklich NIEMALS – irgendjemandem deinen Private Key zu geben. Die Person, die einen Private Key besitzt, kontrolliert das Geld, das an die dazugehörige Public Address gesendet wird.

Ich kann diese Warnung nicht oft genug wiederholen. Sie bedeutet einerseits, dass du deinen Private Key immer sicher aufbewahrst, doch sie impliziert auch, dass du dich nicht von Phishing-Websites austricksen lässt und dir deinen Key stehlen lässt. Beides werden wir in den nächsten Kapiteln noch im Detail besprechen. Ein Beispiel vorab: Es gibt Websites, die dir speziell aussehende Public Addresses verkaufen (du kannst zum Beispiel deinen Namen in der Adresse haben, wie hier: 1HFSx5JULIANHOSPXeJNcMhUDT6FNGF11q). Das funktioniert, indem die Anbieter Billionen von Private Keys generieren, bis sie eine so speziell aussehende Public Address finden. Denke daran: Man kann nicht einfach den Private Key von einer Public Address ableiten, sondern man muss ewig herumprobieren. Während eine solche Adresse zwar beeindruckend aussieht, so besteht ein immenses Sicherheitsrisiko bei der Nutzung solcher Dienste: Der Anbieter muss deinen Private Key kennen, und wenn eine Sicherheitslucke besteht, kann dieser Private Key von Angreifern ausgelesen werden. Sobald jemand deinen Private Key kennt, kann er agieren, als ob er dein E-Mail- Passwort kennen würde.

In diesem Kapitel haben wir über die Kryptographie der Private-Key- und Public-Address-Paare gesprochen und wie sie bei Kryptowährungen für ein dezentrales Account Management zur Anwendung gelangen. Nachdem auf diese Weise jeder Teilnehmer ein oder mehrere Konten in einer dezentralen Community bekommen kann, müssen wir als nächstes eine Lösung finden, um Geld in einem System zu versenden und zu empfangen, ohne dass eine zentrale Partei dies überwacht. Es ist die Lösung zur Frage, wie man Double Spending in einem dezentralen System mithilfe einer Blockchain vermeidet. Hier kommt ein Prozess namens »Mining« ins Spiel.

KAPITEL 4 – MINING

Mining ist eines der am meisten missverstandenen Dinge in puncto Kryptowährungen. Die meisten Leute glauben, dass Mining ein Prozess ist, in dem eine Kryptowährung erstellt wird. Das ist jedoch größtenteils falsch.

WAS IST MINING?

Mining ist ein Prozess in einem dezentralen System, um Konsens (Konsensus) zu kreieren.

WAS IST KONSENSUS?

Konsensus bedeutet Zustimmung und ist die Einigung darüber, was passiert ist und was nicht. In einem zentralen System erledigt das die zentrale Institution – mit all ihren Vor- und Nachteilen. In einem dezentralen System entscheidet die Gemeinschaft. Damit es nicht zu Unstimmigkeiten kommt, wird »Mining« als eine der Möglichkeiten verwendet.

WAS SIND USER, NODES UND MINER?

In dezentralen Systemen gibt es meist drei unterschiedliche Arten von Teilnehmern:

- Users – U (zu Deutsch: Nutzer) oder auch oft Light-Nodes genannt: Dazu gehört der Großteil der Teilnehmer. Sie wollen Zahlungen tätigen und empfangen und sich ansonsten um nichts kümmern. Meist speichern sie auch NICHT die gesamte Blockchain. Dies funktioniert, indem sie ihre Intention, eine Zahlung zu tätigen, an sogenannte Nodes und Miner schicken. Diese leiten die Information weiter, um Konsensus im gesamten Netzwerk zu erzeugen. Dafür bezahlen User eine sogenannte Mining-Fee (zu Deutsch: Mining-Gebühr).

- Full-Nodes oder einfach nur Nodes – N (zu Deutsch: Knotenpunkte): Sie erhalten Informationen von Usern und anderen Nodes, überprüfen diese und leiten sie danach weiter. Sie speichern außerdem die gesamte Blockchain, um sicherzustellen, dass eine volle Dezentralisierung besteht.

- Miners – M (der deutsche Begriff »schürfen« für »mining« bezieht sich auf Gold und ist ein bisschen irreführend, wie du noch sehen wirst): Sie überprüfen und verifizieren Transaktionen, welche Nutzer durchführen möchten. Sie sind diejenigen, die initialen Konsensus erzeugen.

Theoretisch kann ein Teilnehmer alle drei Rollen einnehmen: Die Transaktionen als Miner checken, Infos als Node an andere weiterleiten und das System selbst als User nutzen. In den meisten Blockchains sind diese Rollen spezialisiert und meist voneinander getrennt. Viele Nodes sind lediglich als Kontrollstellen eingerichtet und tätigen nicht wirklich Transaktionen. Die meisten Benutzer, die eine Kryptowährung verwenden, treten als User zum Senden und Empfangen von Geld bei. Sie überlassen es anderen (Minern), sicherzustellen, dass die Transaktionen der Community korrekt sind und dass die Nodes die Transaktionen innerhalb des Netzwerks weiterleiten, sodass jeder die gleichen Informationen darüber hat, wie der Transaktionsverlauf (die Blockchain) aussieht. Bei wenigen Teilnehmern ist das einfach vorstellbar.

Doch wie funktioniert das, wenn Millionen oder in Zukunft Milliarden Teilnehmer gleichzeitig Transaktionen vollbringen wollen? Wie wird sichergestellt, dass es zum Konsensus kommt?

WIE ENTSTEHT KONSENSUS IN EINER BLOCKCHAIN?

Sobald man sich entscheidet, eine Zahlung an jemanden zu senden, muss man den Private Key nutzen, um diese Transaktion zu »signen« (auf Deutsch: unterschreiben). Dies bedeutet im Grunde ganz schlicht: Man gibt eine andere Public Address an, an die man das Geld senden will. Das geht nur von der eigenen Adresse aus, auf die zuvor Geld eingegangen sein muss. Als Bestätigung »signed« man die Transaktion mit dem eigenen Private Key. Da man nur selbst den Private Key hat, kann dies niemand sonst machen. Es gibt keine zentrale Behörde, an die man das senden muss, sondern man verbreitet die Infos an alle umliegenden Nodes und Miners. In der Praxis braucht man sich als User nicht darum zu kümmern, da die Wallet-App diese Aufgabe automatisch übernimmt. Die Miners und Nodes leiten diese Information dann an andere Nodes und Miners weiter, die wiederum das Gleiche tun. Diese sich exponentiell verbreitende Welle an Informationen erreicht innerhalb weniger Millisekunden das gesamte Netzwerk der dezentralen Community.

Jedes Mal, wenn ein Miner eine Transaktion erhält, prüft er, ob die Transaktion tatsächlich korrekt ist. Er prüft nach, ob korrekt mit dem Private Key »gesigned« wurde, an welche Public Address die Transaktion gehen soll und ob der Sender überhaupt genug Coins zum Senden hatte. Da es jede Sekunde mehrere Transaktionen gibt, kann man den Miner mit einem Bonus belohnen, damit er die eigene Transaktion schneller bearbeitet. Theoretisch muss man keine Gebühren zahlen, doch da so viele Transaktionen gleichzeitig auftreten, würden Miner die eigene Transaktion erst sehr spät (in Jahren) bearbeiten, würde man ihnen keinen Anreiz für die schnellere Bearbeitung bieten.

Jede gute Kryptowährung verfügt über eine Reihe von kryptographischen Regeln, die sicherstellen, dass Miner keine gefälschten Inhalte erstellen oder bestehende Infos verändern. Zum Beispiel können diese nicht einfach gefälschte Transaktionen erstellen, indem sie sich beispielsweise selbst Millionen von Euro anrechnen lassen. Sie können auch nicht deine Transaktion an jemand anderen weiterleiten als an den Adressaten, für den die Zahlung bestimmt ist. Deshalb heißt es auch **Krypto**währung, da hier nicht eine zentrale Bank Vertrauen schafft, die die Kontrolle übernehmen würde, sondern die Kryptographie, die für eine Einhaltung der Regeln sorgt. Als Zusatzinfo: Diese hat bisher KEIN EINZIGES MAL versagt.

WAS SIND KONSENSUS-MECHANISMEN?

Wie wird nun entschieden, welcher Miner die Transaktionsgebühr bekommt? Denn diese kann nur einer bekommen. Außerdem stellt sich die Frage, was passiert, wenn man ein Double Spending versucht, indem man erst eine Transaktion an einen Miner schickt und dann eine andere Transaktion mit demselben Geld nur eine Millisekunde später an einen anderen. Diese beiden haben sich ja noch nicht austauschen können. Folglich wären entgegengesetzte Informationen im Netzwerk vorhanden. Eine Transaktion soll zum Beispiel Person A und eine Person B zugutekommen. Welcher Miner hat nun Recht? Ein rein demokratisches Abstimmungssystem wäre viel zu chaotisch und würde überdies viel zu lange dauern. Die Lösung dazu sieht folgendermaßen aus: Der Konsensus wird in Zeitblöcke unterteilt, in denen jeweils per Zufall ein Miner ausgewählt wird. Dieser kann dann bestimmen, welche Transaktion er während dieses Blocks als Konsensus ausgewählt hat.

Was Konsensus-Algorithmen in einem dezentralisierten System erreichen müssen, sind die folgenden Dinge:

1. Vermeidung von Informationskonflikten, also dass ein Miner sagt, eine Transaktion wurde an Adresse A, und ein anderer Miner behauptet, sie wurde an B geschickt.
2. Nachdem der Miner, der auswählen darf, per Zufall bestimmt worden ist, muss es Kosten verursachen, als Miner tätig zu sein. Sonst wäre eine »Sybil Attacke« wahrscheinlich, bei der ein einzelnes Mitglied der Community eine Vielzahl an Miners kostenlos kreiert, so mit einer hohen Wahrscheinlichkeit gewinnt und immer auswählen darf, welche Transaktionen für gültig erklärt werden und welche nicht. Dies entspräche einer Zentralisierung - und diese ist bei einer Kryptowährung bekanntlich unerwünscht.
3. Gleichzeitig müssen finanzielle Anreiz-Mechanismen existieren, sodass trotz der Kosten, ein Miner zu sein, so viele Menschen wie möglich an der Schaffung eines Konsensus teilnehmen, um eine Zentralisierung zu verhindern.

Es entstehen zwar mehr und mehr neue Modelle, doch es haben sich die folgenden drei Möglichkeiten als Konsensus-Mechanismus entweder in Kombination oder alleine bewährt:

1. Proof of Importance (zu Deutsch: Wichtigkeitsnachweis)
2. Proof of Stake (zu Deutsch: Geldnachweis)
3. Proof of Work (zu Deutsch: Arbeitsnachweis)

I PROOF OF IMPORTANCE

Proof of Importance ist bisher die am wenigsten verwendete Methode zur Konsensbildung, könnte jedoch in den kommenden Jahren aufgrund einiger Vorteile mehr und mehr übernommen werden. Durch einen Nachweis der Wichtigkeit kann ein Teilnehmer bestimmen, welche Transaktionen stattgefunden haben und welche nicht. Im Gegenzug erhält er meist einen finanziellen Anreiz. Da die Person, die eine Transaktion gestartet hat, nicht der einzige Teilnehmer von Wichtigkeit sein wird, ist es eine probabilistische Verteilung, wer wann wie oft das Sagen hat.

Wie etabliert sich die Wichtigkeit? Verschiedene Kryptowährungen haben dafür unterschiedliche Berechnungsmodelle, wie zum Beispiel die Zeitdauer, seit der ein Teilnehmer Teil eines Systems ist, kombiniert mit der Anzahl anderer Teilnehmer, die bereit sind, sich mit diesem Teilnehmer zu vernetzen. Dies ist vergleichbar mit der Dynamik in den Social Media. Man vertraut eher der Freundschaftsanfrage von jemandem auf Facebook, der bereits seit einiger Zeit dort angemeldet ist, ein korrekt aussehendes Profil hat und mit dem viele der eigenen Freunde bereits verbunden sind. In der Welt der Dezentralisierung ist es mit der »Wichtigkeit« ähnlich. Je mehr man einem Teilnehmer vertraut, desto höher seine Wichtigkeit und desto einflussreicher seine Abstimmung.

Der Vorteil dieses Systems besteht darin, dass buchstäblich jeder, egal ob arm oder reich, ein hohes Maß an Bedeutung erreichen kann – ähnlich wie in Social Media. Der Nachteil ist, dass dieses System geschwächt werden kann durch das bloße Erstellen von betrügerischen Teilnehmern, die dann füreinander abstimmen. Vergleichbar damit wäre ein gefälschtes Social-Media-Konto, dem die Leute folgen, nur weil viele andere ihm verfolgen, obwohl es eigentlich fake ist. Aus diesem Grund nutzen noch nicht allzu viele Blockchain-Algorithmen diesen Mechanismus und wahrscheinlich sind noch einige zusätzliche Funktionen nötig, um besser skalieren zu können und dadurch mehr Anklang zu finden.

2 PROOF OF STAKE

Das Konzept der Wichtigkeit kann um einen Schritt erweitert werden, indem man Wichtigkeit mit Geld gleichsetzt. Wer mehr Geld im System kontrolliert, bekommt automatisch eine größere Bedeutung. Wie man sich vorstellen kann, hat dieses System viele Kritiker, da es die Frage aufwirft, wie ein solches Netzwerk dezentralisiert bleiben kann. Schlussendlich teilen sich dabei wenige Reiche die gesamte Konsensus-Macht. Bisher verwenden nur wenige Blockchains diesen Konsensus-Mechanismus, doch bei den wenigen, die das tun, scheint es überraschend gut zu funktionieren. Das Risiko, dass eine Gruppe von wenigen Teilnehmern den Konsensus beherrscht, hält sich mit den folgenden Vorteilen die Waage:

- Man kann die eigene Stimmbeteiligung ganz einfach berechnen. Man teilt den eigenen Geldbetrag, den man staken (zu Deutsch: einlegen) möchte, durch den gestakten Gesamtbetrag der Gemeinschaft. Wenn man zum Beispiel 1 000 Coins staked und insgesamt 100 000 Coins gestaked werden, hat man 1 % der Stimmrechte und bekommt gleichzeitig auch 1 % der ausgeschütteten Belohnungen. Wichtig ist jedoch auch, dass die reale Möglichkeit besteht, dass jemand zwar viel Geld, aber nicht viele Stimmrechte hat, weil er das Geld nicht staked, sondern regelmäßig ausgibt.
- Da Geld in einer Blockchain nicht einfach aus dem Nichts kreiert oder gefaked werden kann, ist die Wahrscheinlichkeit von betrügerischen Angreifern, wie beim Proof of Importance durch Fake-Bedeutung, eher gering.
- Da die Belohnungen der Blockchain gleichmäßig auf die Staker aufgeteilt werden, kann sich jeder ziemlich genau eine Rendite für sein Geld auf jährlicher Basis ausrechnen. Zum Beispiel kann eine Blockchain hierbei rund 5 % des gestakten Kapitals pro Jahr auszahlen.

Staked man 1 000 Coins, erhält man jedes Jahr 50 Coins für die Teilnahme am Konsensus-Algorithmus. Je nachdem, was diese Coins wert sind, kann das viel oder wenig Geld sein.

GEEKY

Neben den moralischen Bedenken, dass durchs Staken die Reichen immer noch mehr belohnt werden, gibt es bei dieser Methode noch einen drastischen technischen Nachteil: Die Möglichkeit des konstanten Forkens (zu Deutsch: Aufteilung einer Blockchain). Wir werden übers Forken noch im Detail sprechen, doch so viel vorab: Normal muss man sich in einem Konsensus-Algorithmus beim Fork entscheiden, auf welche Seite des Forks man wechselt. Beim Proof of Stake ist das jedoch NICHT notwendig, weil man hier die Coins weiterhin auf beiden Chains kontrolliert. Hier wird noch nach guten Lösungen gesucht.

GEEKY OFF

3 PROOF OF WORK

Der letzte der drei Konsensus-Algorithmen ist der älteste und am meisten verwendete von allen. Die meisten Kryptowährungen nutzen ihn, weil er nicht nur ausgiebig in den letzten Jahren getestet wurde, sondern auch, weil er der widerstandsfähigste gegen die oben genannten Forks ist. Anstatt die Wichtigkeit zu beweisen oder Coins zu staken, muss man bei diesem Konsensus beweisen, dass man Arbeit geleistet hat. Wer die Arbeit zuerst erledigt hat, kann als Erster die Transaktions-Zusammenstellung wählen und bekommt auch die Mining-Belohnung. Diese besteht aus allen Transaktionsgebühren des Zeitraums (Block) plus zusätzlichen Ausschüttungen, die bei den jeweiligen Kryptowährungen unterschiedlich hoch ausfallen. Bei Bitcoin ist dieser Anreiz zum Beispiel 12,5 bitcoins pro Block (Zeitraum). Wir werden dies nun im Detail erläutern.

Wenn man bitcoins an jemanden senden möchte, informiert man über eine Wallet die Nodes und Miner über diese Transaktion, welche dann diese Information an andere Nodes und Miner weiterleiten. Um gegenteilige Informationen zu vermeiden, wird zunächst keiner diese Transaktion bestätigen – sie bleibt unconfirmed (zu Deutsch: unbestätigt). Somit hat noch niemand etwas gesendet oder auch erhalten. Die Transaktion ist in der Schwebe, also in einer Art Limbo – nicht da und auch nicht weg. Konsensus wurde noch nicht kreiert. Eine Transaktion gilt erst als confirmed (zu Deutsch: bestätigt), wenn sie von einem Miner in einen sogenannten Block integriert wurde.

Miner halten im Netzwerk ständig Ausschau nach Transaktionen, die gemacht werden wollen. Sobald sie eine erkennen, fügen sie diese zu ihrem Pool of unconfirmed Transactions (zu Deutsch: zu ihrem Bestand an unbestätigten Transaktionen) hinzu. Gleichzeitig leisten sie Arbeit. All dies geschieht vollautomatisch und blitzschnell. Die Arbeit, die sie zu tun haben, ist das Reverse Engineering (zu Deutsch: Rückrechnen) eines schwierigen kryptographischen Algorithmus, der nur durch wiederholtes Ausprobieren gelöst werden kann. Stell dir das wie ein Puzzlespiel vor. Jeder Miner muss ein Puzzle aus den Transaktionen zusammensetzen und wer das als Erster schafft, gewinnt den Block. Die Puzzleteile bestehen aus einigen Fixpunkten, jedoch auch aus vielen unvorhersehbaren Variablen. Zum Beispiel ist ein Stück das Stück des letzten Puzzles, das zuvor gerade gelöst wurde. Jeder Miner benutzt das gleiche Puzzleteil für den neuen Versuch. Es ist für alle gleich. Als nächstes kommen jene Transaktionen hinzu, die ein Miner aus dem Pool der unconfirmed Transactions in diesen Block (Puzzle) einbauen möchte. Da die meisten Blockchains nur eine bestimmte Anzahl von Transaktionen pro Block zulassen, müssen Miner wählen und können nicht einfach alle hinzufügen. Bitcoin erlaubt zum Beispiel ca. 4 200 Transaktionen (Puzzleteile) pro Block.

Höchstwahrscheinlich wählen die Miner all jene Transaktionen aus, die mit den höchsten Gebühren versendet wurden.

Da jede Transaktion einzigartige Informationen beinhaltet, sieht jede komplett anders aus. Es gibt also eine schier unendliche Anzahl an Puzzleteilen. Damit ist es auch wahrscheinlich, dass verschiedene Miner an verschiedenen Puzzles arbeiten, weil der eine diese und der andere die anderen Teile für ein Puzzle ausgewählt hat. Die Blöcke beziehungsweise Puzzles sind so strukturiert, dass sie nicht ohne Hinzufügen einer sogenannten Nonce gelöst werden können. Diese Nonce ist ein zufälliges Stück, das jeder Miner nach Belieben auswählen kann. Niemand weiß, wie die Nonce aussieht, und je nachdem, wie die Puzzleteile angeordnet sind, gibt es auch für dasselbe Puzzle, also denselben Block, eine Vielzahl an Möglichkeiten. Damit eine Nonce passt, muss das fertige Puzzle (der fertige Block) nach der Fertigstellung ganz bestimmten Regeln folgen. Stelle dir das vor, als müsste das Puzzle eine gewisse Menge an schön geformten Wolken an einem klaren Himmel haben. Je nachdem, wie die anderen Puzzleteile aussehen und wie ein Miner sie zusammensetzt, muss diese Nonce ganz speziell aussehen. Ein Miner probiert buchstäblich Millionen von Nonces aus, bis er eine findet, die das Puzzle beziehungsweise den Block korrekt vervollständigt. In der Blockchain-Sprache heißt das: »Er hat einen neuen Block gefunden«.

GEEKY

Was er tatsächlich geschafft hat, ist, mehrere SHA256-Kryptoalgorithmen zurückzurechnen, indem er per Zufall einen Input für einen fixen Output erhält.

GEEKY OFF

Sobald ein Miner eine gültige Lösung gefunden hat, sendet er diesen Block an andere Nodes und Miner, die den Block beziehungsweise das Puzzle betrachten, sich vergewissern, dass alles korrekt ist, und ihn dann an andere weiterleiten. Der Miner, der den Block gewonnen hat, erhält die Transaktionsgebühren aller im Block enthaltenen Transaktionen und zusätzlich eine Belohnung. Im Falle von Bitcoin besteht diese aus den bereits zuvor erwähnten 12,5 bitcoins. Wenn eine Transaktion Teil eines Blocks ist, ist diese nun zum ersten Mal bestätigt, da innerhalb weniger Millisekunden viele Tausend oder sogar Millionen von Miner und Nodes diesen Block kopieren und mit dem letzten Puzzleteil des Blocks einen neuen Block mit neuen Puzzleteilen (Transaktionen) beginnen.

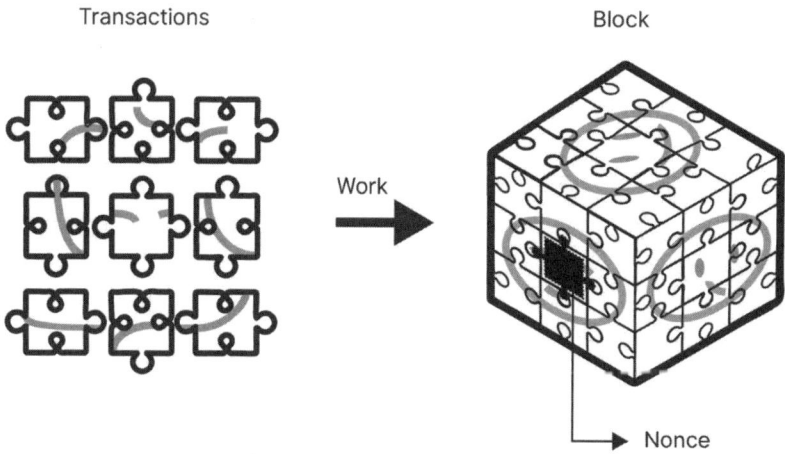

Wie du aus eigener Erfahrung weißt, dauert es lediglich einen Bruchteil einer Sekunde, um ein Puzzle zu betrachten, und zu erkennen, ob es korrekt ist oder nicht. Es dauert jedoch Minuten, Stunden oder sogar Tage, bis es jemand zusammengesetzt hat. Wenn du jemals in Ehrfurcht auf ein Puzzle mit Tausenden von Teilen gestarrt hast, weißt du sicher, was ich meine. Dasselbe gilt für die Kryptographie mit Blockchain: Es dauert ziemlich lange, bis ein Miner einen Block erstellt oder gefunden hat, aber nur ein paar Millisekunden, um zu überprüfen, ob ein Block richtig ist.

WIE ENTSTEHT AUS DEN BLÖCKEN EINE BLOCKCHAIN?

Jeder neue Block baut unwiderruflich auf einem älteren Block auf. Würde man einen Block entfernen, müsste man alle Blöcke darüber (also die folgenden neueren Blöcke) ebenfalls entfernen, was die komplette Kette an Blöcken zerstören würde. Dies ist sehr wichtig für das Verständnis der Unveränderlichkeit einer Blockchain. Wenn man die Vergangenheit ändern wollte, müsste man alle folgenden Blöcke (Rätsel) rückgängig machen und ganz von vorn anfangen. Denn wenn du nur eine einzige Transaktion (Puzzleteil) änderst, würden sich alle folgenden Puzzles (Blöcke) ebenfalls ändern. In so gut wie allen Fällen ist dadurch mehr Aufwand erforderlich, eine Blockchain zu ändern, als es an Gewinn einbringt, der sich durch die Änderung erzielen ließe.

> **WICHTIG**
>
> Eine Blockchain entsteht aus kryptographisch miteinander verketteten Blöcken voller Transaktionen. Sie kann daher nicht verändert werden, ohne die gesamte Blockchain zu zerstören. Aus diesem Grund wird eine Blockchain als eine unveränderliche Transaktions-Historie angesehen, auf die sich eine dezentralisierte Community geeinigt hat.

Man bezeichnet jeden weiteren Block als »Confirmation« (zu Deutsch: Bestätigung). Sobald eine Transaktion in einen Block inkludiert wurde, heißt das aber noch nicht, dass die Transaktion wirklich stattgefunden hat. Die Community hat zwar schon einen Konsensus, dieser ist jedoch noch recht fragil. Doch mit jedem Block, der daraufgelegt wird, wird die Transaktion immer wieder bestätigt. Dadurch wird sie immer sicherer, da es immer teurer würde, die Vergangenheit zu ändern. Im Falle von Bitcoin gilt: Sobald eine Transaktion vier oder fünf Mal bestätigt wurde (sobald also drei oder vier weitere Blöcke daraufgeschichtet wurden), was ungefähr 40 bis 50 Minuten dauert, wird sie als unveränderlich angesehen. In der Praxis ist eine Transaktion in Bitcoin ziemlich sicher, selbst wenn sie nur einmal bestätigt wird, besonders wenn es sich eine kleinere Summe handelt. Wer würde die Kosten von ein paar Tausend US-Dollar investieren, was den Kosten entspricht, um einen neuen Block zu minen, nur um ein paar Dollar zu stehlen? Es ergibt ökonomisch keinen Sinn, es sei denn, man hat einige wirklich gemeine Freunde ☺. Eine Transaktion bei Bitcoin im Wert von Hunderttausenden von Euro wird jedoch meist erst nach vier oder fünf Transaktionen als unveränderlich angesehen, da es dann einfach zu teuer wäre, die Kryptographie neu zu berechnen.

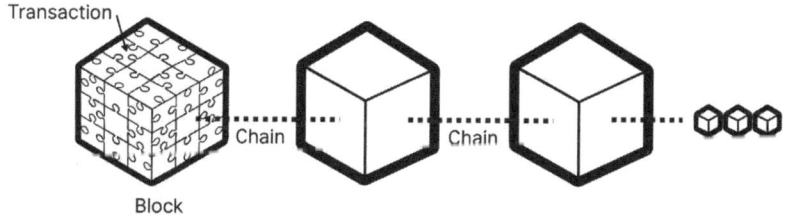

Transaction

Chain   Chain

Block

Eine Blockchain ist so programmiert, dass jeder Miner am längsten Teil der Blockchain mitarbeitet, da es sich dabei offensichtlich um die Kette handelt, in die schon am meisten Arbeit investiert wurde. So wird verhindert, dass, nur weil jemand eine neue Kette startet, jemand diese versehentlich als »Realität« anerkennt. Es kommt jedoch hin und wieder vor, dass zwei Miner, die beide an der längsten Kette arbeiten, gleichzeitig einen neuen Block finden. Hier spricht man dann von Orphan Blocks.

WAS SIND ORPHAN BLOCKS?

Ein Orphan Block (zu Deutsch: verwaister Block) ist ein GÜLTIGER aber NICHT VERWENDETER Block, der erst gefunden, dann aber doch verworfen wurde, weil ein anderer Miner ungefähr zur selben Zeit einen anderen gültigen Block gefunden hat, den die Mehrheit des Netzwerks stattdessen übernommen hat.

Werden Blöcke gleichzeitig gefunden, so sehen sie meist unterschiedlich aus, da wahrscheinlich jeweils andere Transaktionen inkludiert wurden. Sie sind jedoch valide und werden nach dem Weitersenden von Miner und Nodes anerkannt. Welcher der beiden Blöcke ist nun jedoch »der richtige«? Es existieren jetzt zwei unterschiedlich aussehende Blockchains, die aber die gleiche Länge haben und theoretisch beide die Wahrheit widerspiegeln. Es kann aber nur eine Wahrheit geben. Das System löst dies ausgesprochen elegant, indem sich die Miner ganz einfach für den folgenden Block kurz auftrennen und an unterschiedlichen Enden arbeiten. Eine Gruppe findet dann höchstwahrscheinlich zuerst den nächsten Block und hat somit die längste Kette. Alle Miner wechseln dann zu dieser Kette und der Block, der weggelassen wird, wird zu einem sogenannten Orphan Block.

Nachdem die meisten Teilnehmer eine Transaktion erst dann als vollständig sehen, wenn vier bis fünf Bestätigungen (weitere Blöcke) daraufgeschichtet worden sind, stellen solche Orphan Blocks kein großes Problem dar. Die Transaktionen vom einen Block werden einfach im folgenden Block noch einmal inkludiert. Somit verschiebt sich der Bestätigungszeitpunkt maximal um ein paar Minuten. Das verursacht normalerweise keine größeren Probleme. Eine solche Aufspaltung der Blockchain kann jedoch auch absichtlich erfolgen, entweder in bösartiger Weise während eines Angriffs oder während eines Soft- oder Hard-Forks. Dies sind Dinge, die ich später in diesem Buch erklären werde.

WAS IST MINING DIFFICULTY?

Die Millionen Miner einer Kryptowährung versuchen also, die Lösung eines Blocks durch sekundenschnelles und billionenfaches Probieren zu finden. Da es allein eine Frage der Wahrscheinlichkeit ist, wann jemand tatsächlich eine richtige Nonce findet, lassen sich mathematische Vorhersagen dazu treffen, wann dies geschehen wird. Je schwerer das zu lösende Puzzle ist, desto länger brauchen alle Miner, um es zu lösen. Je mehr Miner dabei sind, umso schneller wird es gelöst. Damit die Blockzeit, also die Zeit, die das gesamte Netzwerk für das Finden eines Blocks braucht, konstant bleibt, gibt es in jeder Kryptowährung eine Mining Difficulty (zu Deutsch: Mining-Schwierigkeit). Der Bitcoin-Algorithmus passt sich zum Beispiel alle 2 016 Blöcke so an, dass das gesamte Netzwerk etwa 10 Minuten (= 600 Sekunden) benötigt, um einen Block zu lösen. Diese 2 016 Blöcke brauchen also immer ca. zwei Wochen. Andere Kryptowährungen verwenden andere Mining-Difficulty-Anpassungen. Das ist einer der Punkte, in denen sie sich voneinander unterscheiden. Die Mining Difficulty entsteht, indem die gesuchte Nonce immer genauere Regeln befolgen muss. Im Puzzle-Beispiel bedeutet das, dass das letzte Puzzlestück immer genauer passen muss und keine Lücken im Puzzle hinterlassen darf. Rein technisch ist dies in der Kryptographie so festgelegt, dass der finale Output bei Bitcoin mit immer mehr Nullen anfangen muss. Je mehr Nullen gefragt sind, umso schwieriger ist es, eine Nonce zu finden, die diese Nullen erzeugt.

Eine wichtige Tatsache ist, dass niemand eine Nonce »berechnen« kann. Es ist reines Probieren. Dieser »Glücksfaktor« ist wichtig. Denn er macht es jedem möglich, seine Chancen darauf zu verbessern, einen Block zu finden, indem er seine »Hash-Rate« erhöht.

WAS IST EINE HASH-RATE?

Die Hash-Rate ist die Anzahl der Versuche pro Sekunde, eine Nonce auszuprobieren.

Um diese Aussage in die richtige Perspektive zu rücken: Ein Mensch hat eine Hash-Rate von etwa 0,00003 H/s (Hashes pro Sekunde). Dies bedeutet: Würde ein Mensch versuchen, von Hand zu minen (ein Puzzle zu lösen), würde er etwa 9 bis 10 Stunden brauchen, um eine einzige Nonce zu versuchen (indem er ein Puzzleteil ausprobiert, um das Puzzle zu vervollständigen). In Bitcoin wird die Gesamtanzahl der Versuche zum Lösen eines Blocks als die gesamte Hash-Rate des Netzwerks bezeichnet. Diese Zahl liegt bei rund Millionen Billionen pro Sekunde (= Tera Hashes) und kann hier live verfolgt werden: https://blockchain.info/charts/hash-rate

Das sind irrsinnig große Zahlen, zum Beispiel: 8 000 000 000 000 000 000 Hashes pro Sekunde. Die Wahrscheinlichkeit, einen Block zuerst zu finden, kann einfach berechnet werden, indem man die eigene Hash-Rate durch die gesamte Hash-Rate des Netzwerks dividiert. Vergleicht man das mit einem Menschen, der 0,00003 Hashes pro Sekunde hinbekommt, so erkennt man, dass man ohne technische Hilfsmittel sehr wenig Chancen hat, einen Block zu finden. Während sich also Menschen nicht zum Minen eignen, sind Computer prädestiniert dafür – jedoch nicht alle.

ES GIBT VERSCHIEDENE ARTEN VON MINING-COMPUTERN

Während Satoshi (die Person oder Gruppe, die Bitcoin erfand) am Anfang völlig allein auf seinem Computer gemined hat und 100 % der Hash-Rate besaß, können normale Computer heutzutage nicht mehr wirklich für solche Hashing-Berechnungen verwendet werden. Hier ist eine Übersicht der gängigen Hardware Systeme:

1. **CPU-Mining** (Mining über den normalen Computer-Prozessor) mit einem regulären PC oder Laptop erbringt ca. eine Hash-Rate von 1 bis 3 Millionen pro Sekunde, abhängig davon, wie viele MHz der CPU hat. Das klingt erst mal nach sehr viel, doch wenn man die Gewinnchancen bei der aktuellen Gesamt-Hash-Rate von mehreren Tera-Hashes berechnet, stellt man fest, dass man viel mehr Geld für die Hardware und den Stromverbrauch ausgeben würde, um den Computer zu betreiben, als man an Belohnung erhalten würde. CPU-Mining ist daher heutzutage praktisch ausgestorben.

2. **GPU-Mining** (Grafikkarten-Mining). Die Verwendung von Grafikprozessoren ist wesentlich effektiver, da diese bei Hashing-Berechnungen deutlich effizienter sind als reguläre CPUs. Zum Beispiel haben viele Radeon-Grafikkarten Hash-Rates von 30 bis 50 Millionen pro Sekunde. Das ist rund zwanzig Mal effizienter als eine normale CPU. Das liegt daran, dass eine CPU viele andere Dinge ebenfalls können muss, während der Grafikprozessor deutlich spezialisierter ist. Bei Bitcoin lohnt sich GPU-Mining NICHT mehr, doch bei vielen anderen Kryptowährungen kann das finanziell gerade noch reichen, um Anschaffungs- und Stromkosten zu decken.

3. **ASIC-Mining** (anwendungsspezifische, integrierte Schaltkreisläufe) wurden speziell für Bitcoin entwickelt. Dies sind Computer,

die nichts anderes können, als einen spezifischen Prozess stärker auszuarbeiten als jeder andere Computer. Das ist alles, was sie tun. Im Falle von Bitcoin heißt das zu hashen. Wenn diese ASIC-Miner keine Bitcoin-Blöcke hashen können, kann man sie für nichts anderes verwenden. Denk mal darüber nach: Es gibt Firmen im Kryptobereich, die Millionen investieren, um nichts anderes zu produzieren als solche spezifischen Computer. Das ist ihr gesamtes Geschäftsmodell. Wenn das nicht mehr funktioniert, geht das ganze Unternehmen den Bach runter. Bitmain zum Beispiel, ein Hardwareproduzent, der den berühmten Antminer produziert und den Großteil der Bitcoin-Miningproduktion besitzt, ist ein Milliarden-Dollar-Unternehmen. Dessen ASIC-Miner können mehrere Giga- und manchmal sogar Tera-Hashes pro Sekunde ausführen. Giga bedeutet eine Milliarde und Tera eine Billion. Diese Rechner sind also tausend Mal effizienter beim Bitcoin-Mining als alle anderen Computer. Viele Kryptowährungen, wie zum Beispiel Ethereum, welches derzeit die zweitgrößte Kryptowährung ist, versucht, ASIC-Mining-resistente Mining-Algorithmen zu entwickeln, damit eben nicht wie bei Bitcoin solche spezifischen Computer den gesamten Mining-Markt dominieren. Bei Bitcoin sind praktisch nur solche ASIC-Miner profitabel und entsprechend teuer.

IST MINING PROFITABEL?

Der Profit beim Mining besteht aus dem Mining-Reward plus allen Transaktionsgebühren (Tx) während einer Blockperiode, abzüglich der Kosten für Anschaffung und Betrieb des Miningcomputers.

Für den Durchschnittsmenschen ist Mining bei den meisten Kryptowährungen kaum sinnvoll. Unter Berücksichtigung der Equipment-

und Stromkosten erhält man meistens einen negativen Cashflow. Selbst wenn man nichts für den Strom zahlen würde, rentiert es sich in den meisten Fällen nicht, da populäre Kryptowährungen eine exponentielle Zuwachsrate an Teilnehmern und daher auch an Mining Difficulty haben. Da die eigene Hash-Rate jedoch NICHT steigt, außer man legt wieder neues Geld für neue Computer nach, sinken die monatlichen Erträge ebenfalls exponentiell. Viele Hersteller von Mining-Computern oder Anbieter von Cloud-Minern (Unternehmen, die Mining online anbieten) legen Berechnungen vor, welche Investition Mining bei den aktuellen Hash-Rates profitabel machen würden. Es dauert aber meist Monate, manchmal sogar Jahre, bis man break-even ist (zu Deutsch: seinen Einsatz wiederbekommt). Und dazu kommt es nur, falls die gesamte Hash-Rate des Netzwerks stabil bleibt. In Anbetracht der exponentiellen Zunahme der Schwierigkeit ist es in so ziemlich allen Fällen sinnvoller, direkt in die Coins zu investieren als in Mining. Eine GPU kostet zum Beispiel 800 Euro und bringt derzeit 300 Euro pro Monat. Die Stromkosten sind hierbei noch nicht einmal eingerechnet. Das legt den Schluss nahe, dass dies in drei Monaten die ersten Profite bringt. Aber in Kürze bekommt man keine 300 Euro pro Monat mehr, sondern nur noch 200, und später 100, dann 50 und so weiter. Nachdem sich die Mining-Computer ebenfalls schnell verbessern, ist die eigene GPU bald nichts mehr wert und man produziert so, selbst wenn man die Stromkosten nicht in die Rechnung einbezieht, meist einen Verlust.

Warum suchen dennoch so viele Menschen ihr Glück im Mining? Zwei Worte reichen, um das zu erklären: Gewissheit und passives Einkommen. Die Leute lieben beides: Sie lieben es, eine bestimmte Summe zu investieren und zu glauben, dass sie dadurch garantiert jeden Monat eine feste Summe zurückerhalten. In der Realität sind jedoch nur die Kosten für den Kauf der Ausrüstung und die Ausgaben für den Strom sicher. Es ist auch sicher, dass die Gewinne jeden Monat fließen werden, es sei denn, die Kryptowährung verliert an Attraktivität. Dann erhalten sie zwar immer mehr Coins pro Monat, aber die Coins sind immer weniger wert. Menschen lieben außerdem die (scheinbare) Gewissheit, ein passives Einkommen zu erzielen, und viele Firmen arbeiten genau mit diesem Argument im Marketing. Fakt ist jedoch, dass es eine solche Gewissheit im Hinblick auf ein passives Einkommen beim Mining NICHT gibt.

Wenn Mining meist nicht profitabel ist, wer mined denn dann eigentlich noch? Es sind meist riesige Mining-Farmen, welche durch gute Hardware- und Strompreise eine Nettogewinnmarge von durchschnittlich 10 bis 15 % pro Jahr erzielen. Das heißt, wenn sie 1 Million US-Dollar investieren, machen sie etwa 100 000 bis 150 000 US-Dollar Gewinn pro Jahr. Für den »kleinen Mann« ist dies nicht möglich, und wenn Firmen im Internet Ausschüttungen von mehr als besagten 10 oder 15 % versprechen, so ist meist von einem Schneeball- oder Pyramidensystem auszugehen. Die meisten Mining-Angebote im Internet sind äußerst fragwürdig. Du bist meist besser dran, direkt in Coins zu investieren. Ein Beispiel bei Bitcoin: In all den Jahren seit Anfang 2009, mit Ausnahme eines einzigen Jahres, nämlich 2014, ist Bitcoin um mehr als 15 % pro Jahr gestiegen. In vielen Jahren lag der Zuwachs sogar bei mehreren 100 %. Daher wäre es immer besser gewesen, direkt in bitcoins zu investieren als in das Mining. Für große Unternehmen, die jedoch Millionen an Kapital haben, es flexibel einsetzen können und mit 10 bis 15 % eine Top-Ausschüttung vorweisen können, ist es attraktiver, mit einem monatlichen Cashflow zu minen, als Fluktuationen des Kurses mitansehen zu müssen. Nur so können Mitarbeiter regelmäßig bezahlt werden und nur so kann trotzdem noch ein Gewinn fürs Unternehmen erzielt werden. Als Privatperson sollte man Mining lediglich zum Experimentieren oder Testen betreiben. Alles andere endet in den meisten Fällen eher in einem Minusgeschäft. Lass dir von keinem Freund und auch nicht von der Internetwerbung etwas anderes erzählen, sondern hinterfrage solche Empfehlungen oder Angebote wirklich ganz genau.

GIBT ES WIRTSCHAFTLICH SINNVOLLE MINING-LÖSUNGEN?

Wie man vielleicht schon erahnen kann, ist Proof-of-Work-Mining aus energetischer Sicht ein verschwenderischer Prozess. Es ist definitiv kein umweltfreundliches System, Millionen von Euro jeden Tag für Strom zu verwenden, um Konsensus zu erzeugen. Proof of Importance und Proof of Stake versuchen, dies durch einen alternativen Konsensus-Algorithmus zu lösen, doch haben beide Systeme inhärente Nachteile gegenüber dem Proof of Work. Um Proof of Work sinnvoller zu machen, wird versucht, »Puzzles« zu kreieren, deren Lösung tatsächliche Vorteile im wirklichen Leben erbringen könnten. Potentielle Möglichkeiten sind DNA-Rekombinations-Berechnungen, Primzahl-Recherchen und einiges mehr. Während ein paar vielversprechend erscheinen, konnten einige Herausforderungen für eine vollständige Implementierung noch nicht überwunden werden. Erstens müssen solche Rätsel einen konsistenten Schwierigkeitsgrad haben. Zweitens muss das Puzzle, das einem anderen folgt, komplett zufällig und nicht zu erraten sein, um einen fairen Mining-Prozess zu gewährleisten. Auch wenn es noch nicht die perfekte Lösung für all dies gibt, so besteht Hoffnung, dass künftig wirtschaftlich sinnvolle Probleme während des Minings gelöst werden. Die Tatsache, dass der ökologische Footprint durch das traditionelle Proof of Work-Mining so schlecht ist, führt zu einer berechtigten Kritik von Umweltschützern. Sie ist auch der Grund dafür, warum viele entweder auf Konsensus-Alternativen oder auf wirtschaftlich sinnvolle Varianten drängen.

WIE ERKLÄRT MAN ALL DIES EINEM ZEHNJÄHRIGEN?

Wir haben nun über alle Teile einer Blockchain-Transaktion gesprochen. Jetzt fügen wir alles zusammen, um als Zusammenfassung ein vollständiges Bild im Grand Finale zu erstellen. Diese Zusammenfassung sollte dazu taugen, einem Zehnjährigen erklären zu können, wie eine Blockchain oder Kryptowährung funktioniert:

1. Um eine Transaktion in Kryptowährungen durchzuführen, muss man nicht wie bei einer Fiat-Währung der Bank Bescheid geben, sondern man muss mithilfe des Private Keys nachweisen, dass man tatsächlich Eigentümer der Coins ist, die man versenden möchte. Die Transaktion sieht wie ein Puzzleteil aus.

2. Die eine Hälfte des Puzzleteils besteht aus Coin-Menge, Zeitpunkt und der Public Address des Versenders beziehungsweise der des Empfängers.

3. Die andere Hälfte des Puzzleteils ist die Signatur des Private Keys, der zur versendeten Public Address gehört. Die Signatur erlaubt jedem, zu überprüfen, ob man wirklich den passenden Private Key zur Public Address hat, ohne dabei gleichzeitig den Private Key preiszugeben. Das ist essenziell für die kryptographische Sicherheit. Wenn du eine E-Mail versendest, brauchst du dabei auch niemandem dein Passwort zu verraten. Deshalb kann jemand anders auch keine neue Transaktion erzeugen, die erneut Coins von deiner Public Address versenden würde, nur weil der- oder diejenige einmal eine Signatur des Private Keys gesehen hat.

4. Beide Hälften machen diese Transaktion beziehungsweise das Puzzleteil einzigartig. Wenn man nur einen Teil ändert, würde sich die komplette Transaktionsnummer (Tx-ID) beziehungsweise das Aussehen des Puzzleteils komplett ändern. Es kann

nur dann reproduziert werden, wenn man alle Original-Informationen inklusive des Private Keys kennt.

5. Diese Transaktion wird an das Netzwerk übertragen und von Miner und Nodes als allererstes auf Korrektheit überprüft. Ist die Signatur des Private Keys in Abstimmung zur Public Address korrekt? Hat die Public Address in der Vergangenheit genug Coins erhalten, um die in der Transaktion bestimmte Summe auch zu versenden? Ansonsten wird die Transaktion sofort abgelehnt und ignoriert. All dies ist sehr einfach zu überprüfen, doch lässt es unmöglich Rückschlüsse auf den Private Key zu. Wenn alles passt, wird die Transaktion binnen Millisekunden an andere Miner und Nodes weitergeleitet, die wiederum dieselbe Überprüfung durchführen.

6. Je nachdem, wie viele Fees (Gebühren) eine Transaktion beinhaltet, versuchen Miner früher oder später, die Transaktion in einen Block zu integrieren. Dies wird als Mining bezeichnet, und wir haben es so beschrieben, dass die Miner die einzelnen Puzzleteile zusammenzusetzen versuchen, um dann ein vollständiges Puzzle mit einem gewissen Schwierigkeitsgrad korrekt zu erstellen. In Wirklichkeit versuchen sie, die Nonce zu finden, welche eine Merkle-Root aller Tx-ID mit einer bestimmten Anzahl an Nullen hervorbringt, eine Aufgabe, die der Mining Difficulty entspricht.

7. Im Falle von Bitcoin benötigt das gesamte Netzwerk etwa zehn Minuten (andere Blockchains dauern unterschiedlich lange), um das Puzzle durch reines Probieren zu lösen. Damit diese zehn Minuten konstant bleiben, wird bei Bitcoin ca. alle zwei Wochen (2016 Blöcke um genau zu sein) die Schwierigkeit angepasst. Dies variiert wiederum von Kryptowährung zu Kryptowährung.

8. Ein kleiner Teil eines Blocks, der integriert werden muss, folgt aus dem Block, welcher zuvor gemined wurde. Sobald ein Miner aus der Zusammensetzung des vorherigen Teils, der neu auf-

gelaufenen Transaktionen und der Nonce einen gültigen Block findet, sendet er ihn an andere Miner und Nodes. Diese überprüfen die Richtigkeit binnen ein paar Millisekunden. Sie lehnen den Block ab, wenn er fehlerhaft ist, oder akzeptieren ihn und arbeiten sofort am nächsten Block weiter. Dadurch wird eine Transaktion zum ersten Mal bestätigt. Ein Teil des gefundenen Blocks wird abermals in Kombination mit den neuen Transaktionen und einer neuen, abermals rein zufällig zu findenden Nonce für den nächsten Block verwendet.

9. Der Block beziehungsweise das Puzzle wird somit »fixiert« und ist mit dem vorherigen beziehungsweise nachfolgenden Block unwiderruflich verbunden. Wollte man einen Teil einer Transaktion, egal ob Zeitpunkt, Menge, Sender oder Empfänger anpassen, so würde sich der Block verändern, und somit würde alles nicht mehr zusammenpassen.

10. Die Blöcke bilden dadurch eine Kette und werden Blockchain genannt, die gleichzeitig alle Transaktionen enthält, die je gemacht wurden, und von jedem einsehbar und unveränderbar ist. Dabei ersetzt die Blockchain ein zentrales Institut und vermeidet ein Double Spending. Diese Gewissheit verleiht schlussendlich einer Kryptowährung ihren Wert.

Das ist doch ein einfacher Überblick, oder? Eine Blockchain, erklärt für einen Zehnjährigen :-) Nur die allerwenigsten Menschen, die Kryptowährungen verwenden, können den Prozess so klar und verständlich aufzeigen. Jetzt bist du einer davon, und das macht dich #CRYPTOFIT. Gratuliere! Zeit, wieder etwas spezifischer zu werden. Bist du bereit für die technischen Details? Falls ja, lies den nächsten Abschnitt, und falls nein, überspringe es einfach. Keine Sorge, du wirst deshalb nichts verpassen.

WIE SIEHT EINE BLOCKCHAIN IN DER REALITÄT AUS?

Was wäre, wenn ich dir sagen würde, es gäbe keine Puzzleteile, keine Blöcke und keine Ketten? Unglaublich, nicht wahr? Was es wirklich gibt, ist Kryptographie, und die besteht aus nichts anderem als aus Zahlen und Buchstaben. Ein Private Key? Eine Ziffernfolge. Dieser Private Key signiert (eine kryptographische Funktion, bei der der Private Key mit einer anderen Zeichenfolge kombiniert wird, wodurch eine völlig neue, einzigartige Zeichenfolge entsteht) eine andere Folge aus neuen Zahlen und Buchstaben, und das Ergebnis dieser Signierung ist die Tx-ID – eine völlig neue, einzigartige Zeichenfolge. Dies entspricht dem oben erwähnten »Puzzleteil«. Während sich auf Basis des Private Keys eine Tx-ID einfach ableiten lässt, so kann niemand auf Grundlage der Zeichenfolge der Tx-ID die Zeichenfolge des Private Keys ermitteln. Miner nehmen nun diese Tx-IDs auf, verifizieren sie kurz durch einen Abgleich mit der Public Address (dies geht super einfach und extrem schnell, indem man einfach eine kryptographische Funktion ausführt), von der die Coins gesendet wurden. All dies ist Kryptographie, bestehend aus Zahlen und Buchstaben. Als nächstes versuchen Miner, einen Block zu finden, indem sie den Hash, eine Zeichenfolge, des alten Blocks mit allen inkludierten Tx-IDs des aktuellen Blocks und der Nonce zu hashen und dabei eine Merkle-Root mit einer bestimmten Anzahl an Nullen zu finden versuchen. Dies entspricht dem Bild, Puzzleteile zu einem vollständigen Puzzle zusammenzufügen, während die Mining Difficulty überprüft wird. Durch das Anpassen der Zeichenfolge der Nonce entsteht immer wieder ein neuer Hash, was wiederum einer neuen Zeichenfolge entspricht. Ein Block ist also nichts anderes als diese Zeichenfolge, in die unzählig viele andere Zeichenfolgen integriert sind. Würde man einen dieser Bausteine (Zeitpunkte, Coin-Mengen, Public Addresses etc.) des Blocks ändern, so würde die resultierende Zeichenfolge nicht mehr so aussehen und damit kryptographisch nicht mehr zusammenpassen.

WICHTIG

Begriffe, wie Blöcke, Puzzles und Ketten, werden lediglich für ein bildhaftes Verständnis verwendet, in der Realität besteht eine Blockchain jedoch aus einer auf Kryptographie aufbauenden Folge an Zeichen, welche über bestimmte Funktionen alle Informationen unveränderbar speichert.

Unglaublich, aber wahr! Für mich war dies tatsächlich unfassbar, als ich dies zum allerersten Mal verstand. Sobald also jemand »die Blockchain herunterlädt«, lädt er tatsächlich die ganze Folge von Ziffern und Zahlen, genannt Blockchain, herunter, welche alle Transaktionen widerspiegelt, die jemals in dieser Blockchain getätigt wurden. Wie du dir vorstellen kannst, handelt es sich hierbei um eine ganze Menge an Daten. Im Falle von Bitcoin sind das Ende 2017 fast 200 GB und bei Ethereum, wo mehr Tx pro Sekunde möglich sind, fast doppelt so viel. Da dies für die meisten User absolut überwältigend wäre, hat Satoshi im 2008-Whitepaper bereits eine denkbar einfache Lösung vorgeschlagen: Die SPV beziehungsweise Simple Payment Verification.

WAS IST DIE SIMPLE PAYMENT VERIFICATION (SPV)?

Die Simple Payment Verification (zu Deutsch: vereinfachte Bezahlungsverifizierung) erlaubt es, eine Bezahlung zu verifizieren, ohne die gesamte Blockchain kennen zu müssen. Dies funktioniert, indem man durch kryptographische Formeln andere Transaktionen »erahnen« kann, sobald man nur erst einmal genug Transaktionen kennt.

Es ist genauso, als wenn man anstatt des kompletten Puzzles nur ein paar Teile sieht und sich trotzdem automatisch vorstellen kann, welches Teil in ein leeres Feld hineinpassen würde.

SPV

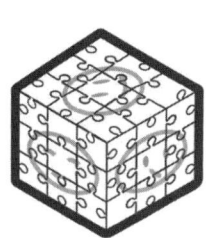 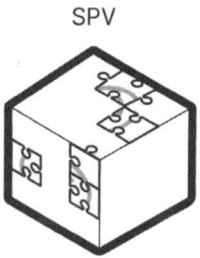

Kryptographisch funktioniert dies, indem nur einige Teile des sich ergebenden Hashs eines Blocks (Merkle-Root) überprüft werden und nicht jeder einzelne Eintrag, da sich die weggelassenen Teile aus einer logischen Konsequenz ergeben. Man kennt zwar die fehlenden Informationen nicht genau, aber man kann genug Möglichkeiten ausschließen, um zu überprüfen, ob jemand das Geld, das er zu schicken versucht, tatsächlich hat oder nicht. SPV funktioniert natürlich nur, wenn genügend Leute die komplette Blockchain als Full Nodes zur vollständigen Verifizierung speichern, denn nur so ist das ganze Wissen auch wirklich vorhanden. Sogenannten Lite Wallets, welche die meisten User verwenden, erlaubt dies jedoch, die Größe der Daten auf ca. ein Tausendstel ihrer ursprünglichen Größe zu reduzieren. Dies sind dann am Beispiel von Bitcoin »nur« ein paar hundert Mega-anstelle von mehreren Gigabytes, was die Nutzbarkeit deutlich verbessert.

SPVs lösen jedoch einen wichtigen Punkt einer Blockchain nicht: die Skalierung.

WORUM GEHT ES BEI DER SKALIERUNGSDEBATTE?

Ein wichtiges Merkmal eines Finanzsystems ist die Festlegung, wie viele Transaktionen (Tx) pro Sekunde verarbeitet werden können. Die meisten Kreditkarten-Unternehmen tätigen zum Beispiel rund 2 000 Transaktionen pro Sekunde. Hier hat die Blockchain-Technologie ein großes Manko: Da jeder Teilnehmer des Netzwerks eine komplette Transaktionskopie des Netzwerks führen muss, um auf diese Weise Double Spending zu vermeiden, ist die Geschwindigkeit des Netzwerks durch die Geschwindigkeit des langsamsten Knotens begrenzt. Blockchains begrenzen deshalb die Anzahl der Transaktionen pro Sekunde, um eine Zentralisierung der Rechenleistung durch große und starke Knoten zu vermeiden, die diese größeren Blöcke speichern und verarbeiten können, aber auch, um die Größe der Blockchain nicht zu schnell zu erhöhen. Bitcoin erlaubt zum Beispiel etwa sechs bis sieben Tx pro Sekunde, Ethereum etwa 15 Tx. Im Grunde kann bei Bitcoin ein Miner rund 4 200 Puzzleteile alle zehn Minuten zu einem Puzzle zusammenbauen (7 Tx/s * 60 s * 10 min = 4 200 Tx pro Block).

Wenn man nun die Anzahl an Tx pro Sekunde nach oben skalieren will, muss man entweder die Größe einer Transaktion verkleinern (weniger Daten pro Tx) oder man erhöht die Blockgröße (mehr Daten pro Zeiteinheit). Nachdem sich die Größe einer Tx nur bedingt verringern lässt, da die Zeichenfolgen von Menge, Absender, Empfänger etc. einfach gespeichert werden müssen, ist der einzige wirkliche Ansatzpunkt der Grund für eine der hitzigsten Diskussionen in der Krypto-Gemeinschaft überhaupt: die Größe eines Blocks. Ein Block bei Bitcoin belegt zum Beispiel derzeit 1 MB Speicherplatz, doch es gibt mehrere Initiativen, die gerne 2 MB oder sogar 8 MB einführen würden. Dies würde dann automatisch doppelt oder achtmal so viele Transaktionen in derselben Zeiteinheit erlauben. Ich persönlich halte

dies aufgrund einiger vielversprechender Lösungen der Skalierungs-
debatte nicht für notwendig, möchte jedoch betonen, dass dies rein
meine persönliche Meinung ist.

WAS SIND MÖGLICHE SKALIERUNGSLÖSUNGEN?

Niemand weiß, wie eine ultimative Skalierung aussehen wird, doch
gibt es einige interessante Ansätze: Nicht nur ich, sondern auch viele
andere Entwickler sehen die ultimative Lösung darin, Blockchains als
Basis zu sehen und die Skalierung dadurch zu erreichen, indem eine zweite Informationsschicht »darübergelegt« wird. Eine Gruppe von
Bitcoin-Entwicklern arbeitet zum Beispiel am Lightning Network und
eine Gruppe in Ethereum an Raiden. Beide Lösungen ermöglichen
die Gruppierung von Benutzern »off-chain«, also weg von einer Blockchain, wobei die Blockchain immer noch die Basis bildet.

Das Ziel sollte sein, auf sichere Art und Weise von einer Blockchain
zur nächsten zu kommunizieren, ohne dabei auf die Geschwindigkeit
einer Blockchain angewiesen zu sein. Die Basis und das Vertrauen
beruhen auf der Blockchain, doch der Ablauf ist beschleunigt und damit besser skalierbar. Die tolle Idee dahinter besteht darin, dass man
als Nutzer über eine einzige App auf alle Blockchains und damit Assets (zu Deutsch: Vermögenswerte) zugreifen kann, ohne sich darum kümmern zu müssen, wie das tatsächlich funktioniert. Im Grunde
funktioniert das so ähnlich wie das Internet heute: Man hat Zugriff auf
viele verschiedene Applikationen, ohne über die genaue Funktions-
weise der Protokolle nachdenken zu müssen. Genau dies wird Kryptowährungen künftig für die Massen interessant machen.

Während man, wie bereits erwähnt, für eine bessere Skalierung nur
bedingt an der Größe einer Transaktion arbeiten kann, wurde ein solches Update namens SegWit trotzdem bei Bitcoin eingeführt.

WAS IST SEGWIT?

Im August 2017 führte Bitcoin ein Update namens Segregated Witness (kurz: SegWit) ein, um die Skalierung der Bitcoin-Blockchain zu verbessern. Anstatt an der Blockgröße zu schrauben, wurde hier die Größe der einzelnen Transaktionen verringert. In der Puzzlestück-Analogie einer Kryptowährung-Transaktion ist lediglich eine Hälfte des Puzzles nötig, um die Transaktionsinformationen abzuspeichern, doch eine komplette andere Hälfte für die Signatur per Private Key. Mit dem SegWit-Update wurden diese Transaktionen anders strukturiert, indem die Signatur nun »segregiert« und nicht mehr auf der anderen Hälfte des Puzzleteils gespeichert wird. Stell dir das so vor, als würde die Signatur nun als eine Art Farbe auf der einen Hälfte integriert, anstatt eine neue Hälfte des Puzzleteils mit extra Platz zu beanspruchen. Deshalb bezeichnet man dieses Update auch als Segregated Witness, zu Deutsch: »segregierter Zeuge«. Da die Puzzleteile jetzt nur noch halb so groß sind (die Signatur belegt nicht mehr die Hälfte des Platzes), können so doppelt so viele SegWit-Transaktionen im gleichen 1-MB-Block gespeichert werden (rund 8 400 SegWit-Transaktionen statt der bisherigen 4 200 Transaktionen).

50% 50%
Info Signature

100%
Info

Für den Benutzer ist SegWit ein Soft-Fork, das heißt, er kann sowohl das alte als auch das neue Transaktionsformat nutzen, genauso wie eine alte Version von WhatsApp mit neueren Versionen kommunizieren kann. Um dies auf der Blockchain klar zu zeigen, unterscheiden sich die SegWit-Adressen von den »alten Adressen«: »Alte« Bitcoin-Adressen beginnen mit der Ziffer 1, SegWit-Adressen mit der Ziffer 3. Nachdem es für Nutzer also kein Muss ist, SegWit-Transaktionen zu senden, und erst die wenigsten das neue Update SegWit als Standardfunktion nutzen, wird es noch einige Zeit dauern, bis die volle Speicherkapazität ausgenutzt wird.

Abschließend möchte ich noch einmal die Frage stellen, warum die Menschen darauf vertrauen, dass eine Währung ein gutes Wertaufbewahrungsmittel, eine gute Übertragungsmethode und eine gute Rechnungseinheit ist. Bei Gold ist es die lange Geschichte, die Vertrauen schafft. Bei einer Fiat-Währung vertrauen wir der zentralen Institution, die alles regelt. Und bei einer Kryptowährung? Hier setzen wir unser Vertrauen in der Kryptographie, welche die Regeln zur Coin-Erstellung, den Kontoständen und den Übertragungsvorgängen komplett dezentral und authentisch regelt. Natürlich wird es seine Zeit brauchen, bis mehr und mehr Leute erkennen, welchen Vorteil es hat, der Mathematik und Kryptographie zu vertrauen anstatt einer zentralen Bank. Sobald aber die Mehrheit der Menschen dies versteht, werden Kryptowährungen denselben Ansturm erleben wie das Internet in den 2000er-Jahren, als es massentauglich wurde. Je mehr Menschen eine Kryptowährung nutzen, umso stabiler und gleichzeitig dezentraler wird sie. Damit steigt ihr Wert, da das Vertrauen gestiegen ist. All dies ist einer der Gründe, warum viele Kryptowährungen so rasante Preisanstiege verzeichnen und wahrscheinlich auch weiter steigen werden. Deshalb ist es gut, dass du nun Vieles von dieser Technologie bereits jetzt verstehst.

KAPITEL 5 – WIE WERDEN KRYPTOWÄHRUNGEN KREIERT?

In einem zentralisierten monetären System obliegt die Menge und damit die Erschaffung einer Währung einer zentralen Behörde. In einem dezentralisierten System legt der kryptographische Algorithmus die Regeln für die Geldmenge fest. Das führt oft zu einem Missverständnis. Denn, wie ich im Mining-Kapitel erwähnt habe, glauben viele Leute aufgrund von Fehlkommunikation in den Medien, dass Kryptowährungen durch Mining geschaffen werden. Mining ist jedoch ein Konsensus-Algorithmus, und es kann dabei gleichzeitig zur Ausschüttung von Coins als Belohnung kommen, es gibt jedoch auch andere Möglichkeiten, wie Kryptowährungen erschaffen werden können. Schauen wir uns die wichtigsten an:

1. MINING: Starten wir mit dem Modell, welches meistens (leider fälschlicherweise) als einziges Modell aufgezeigt wird. Beim Mining werden Kryptowährungen während des Konsensus-Prozesses erzeugt. Es handelt sich um einen sehr gebräuchlichen Prozess, da er die Teilnehmer dazu anregt, bei der Stabilisierung des Netzwerks mitzuhelfen. Bitcoin ist hier das bekannteste Beispiel. Ganz am Anfang wurden hierbei 50 bitcoins pro Block seinem Finder gutgeschrieben. Alle 210 000 Blöcke, die in etwa vier Jahren zustandekommen, findet ein **Halving** (zu Deutsch: eine Halbierung) statt, bei der die Blockbelohnung halbiert wird. Als Bitcoin 2009 anfing, waren es die bereits erwähnten 50 bitcoins, im Jahr 2012 wurden es dann 25 bitcoins und seit 2016 haben wir nur mehr 12,5 bitcoins pro Block. Irgendwann im Jahr 2020, je nachdem, wie lange die 210 000 Blöcke dauern, werden wir die nächste Halbierung auf 6,25 bitcoins pro Block sehen.

Dieses Halving geschieht insgesamt 64 Mal, bis der Mining Reward (zu Deutsch: die Mining-Belohnung) die kleinste mögliche Einheit erreicht: ein Satoshi, das nicht weiter halbiert werden kann. Theoretisch wird das allerletzte Satoshi im Jahr 2140 ausgeschüttet, doch je nach Mining-Geschwindigkeit kann dieses Ereignis auch etwas früher eintreten. Ab dann erhalten Miner »nur« noch die Transaktionsgebühren als Mining Reward und keine zusätzlichen bitcoins.

Im Falle von Bitcoin werden auf diese Weise knapp 21 Millionen bitcoins geschaffen und mehr oder weniger fair auf das Netzwerk verteilt. Bonus-Info: Es sind eigentlich etwas weniger als 21 Millionen bitcoins, denn genau wie bei einer Distanz, die man immer und immer wieder halbiert, erreicht man nie das Ende. Wenn man die Summe bildet aus 1/2 + 1/4 + 1/8 + 1/16 + ..., erreicht man tatsächlich niemals die Zahl 1, kommt aber sehr nahe an sie heran. Der Einfachheit halber wird aber meistens kommuniziert:

Beim derzeitigen Bitcoin-Algorithmus wird es maximal knapp 21 Millionen bitcoins geben.

Der Grund, warum ich bei dieser Prognose vom »derzeitigen Algorithmus« spreche, ist, dass es natürlich jederzeit möglich ist, mehr bitcoins zu erschaffen, falls sich die Community darauf einigt. Litecoin zum Beispiel, eine Kryptowährung, die sich von Bitcoin abgespalten hat, hat sich darauf geeinigt, viermal so viele, nämlich 84 Millionen litecoins, zu erschaffen. Dazu muss die Community natürlich ihre Zustimmung geben. Denn eine Kryptowährung kann nicht von einer zentralen Institution einfach aufs Geratewohl verändert werden, das ist ja der essenzielle Knackpunkt in einem dezentralen System.

WAS IST EINE DEFLATIONÄRE WÄHRUNG?

Manche Menschen sehen diese Höchstgrenze als Grund dafür, warum Kryptowährungen besser sind als Fiat-Währungen, welche von einer zentralen Behörde bis ins Unendliche aufgebläht werden können. Andere sehen es wiederum als Problem an. Sie sprechen von einer deflationären Währung, da Menschen mit der Zeit sehr wahrscheinlich ihre Private Keys und dadurch den Zugang zu den Coins verlieren. Deflation ist das Gegenteil von Inflation und bedeutet, dass die Menge der zirkulierenden Coins abnimmt.

SIND ALLE KRYPTOWÄHRUNGEN BEGRENZT?

Während manche gemineten Kryptowährungen wie Bitcoin zum Beispiel ein begrenztes Angebot haben und dadurch deflationär sind, sind andere wiederum inflationär und haben ein unbegrenztes Angebot. Entweder haben sie beispielsweise eine feste jährliche Inflationsrate von 3 % des Gesamtangebots, oder Teilnehmer können über die Inflationsrate (die jährliche Rate, um die die Geldmenge erhöht werden soll) abstimmen, fast wie in einem demokratischen System. Da der Algorithmus öffentlich einsehbar und komplett transparent ist, wird eine solche Inflation von der Community ohne Weiteres akzeptiert, solange es eben nicht wie bei vielen Fiat-Währungen zur Hyperinflation kommt. Bei einer Hyperinflation schießt die Geldmenge unkontrolliert nach oben – etwas, das wir derzeit leider bei viel zu vielen Fiat-Währungen weltweit erleben. Beharre aber niemals auf der Tatsache, dass Kryptowährungen deshalb besser sind als Fiat-Währungen, weil sie eine harte Obergrenze haben. Denn es gibt genug Kryptowährungen mit einem eingebauten Inflations-Mechanismus. Vielmehr geht es um die Transparenz und Fairness, welche die Kryptowährungen auszeichnen. Ehrlich gesagt weiß heute niemand, ob eine Kryptowährung mit ein paar Prozent Inflation besser oder schlechter ist als eine deflationäre mit einem Hard Cap (zu Deutsch: einer Obergrenze) an Coins. Die Zukunft wird es uns zeigen.

Was ist mit dem Argument vieler Kryptowährungs-Kritiker, die eindringlich überzeugt warnen, dass viele Kryptowährungen deflationär sind und dass aufgrund dieser Deflation Leute ihre Coins lieber behalten, anstatt sie auszugeben? Dies würde eine Währung zu einem schlechten Transfermittel und damit zu einer schlechten Form des Geldes machen. Dieses Argument ist im Falle von digitalen Währungen wie Kryptowährungen jedoch nur teilweise richtig. Viele Kryptowährungen haben die Fähigkeit, sich in kleinere Teile aufzuteilen. Genau wie ein Euro 100 Cent hat, haben das Kryptowährungen auch. 1 bitcoin hat zum Beispiel 10^8 Satoshis (100 Millionen) und 1 Ether sogar 10^{18} Wei. Auch bei einer drastischen Deflation wäre so eine Verteilung von bitcoins oder Ethers auf die ungefähr 8 Milliarden Menschen möglich. Zum Beispiel hätte in diesem Fall jeder im Schnitt 21 Millionen bitcoins mal 100 Millionen Satoshis dividiert durch 8 Milliarden Leute, also 262 500 Satoshis pro Person. Unter der Annahme, dass der Zugang zur Hälfte aller Coins im Laufe der Zeit verloren geht, was realistischerweise passieren kann, sind es immer noch 131 250 Satoshis. Wenn also heute der Wert eines bitcoins bei mehreren tausend Euro liegt, so kann sich jeder mit auch nur ein paar Cent einen Teil eines bitcoins kaufen. In Zukunft wird man dann vielleicht nicht mehr so oft von einem bitcoin, sondern häufiger von millibitcoins (Tausendstel bitcoins) oder sogar noch weniger sprechen. Diese repräsentieren dann trotz Deflation einen akzeptablen Wert als Übertragungsmethode.

Offensichtlich wird eine Kryptowährung, die einen festen Hard Cap hat, bei gleichen ökonomischen Faktoren schneller im Wert steigen als eine Kryptowährung mit eingebauter Inflation. Das Angebot ist einfach strenger limitiert. Doch das bedeutet NICHT, dass Bitcoin garantiert immer an Wert gewinnen wird – es trägt jedoch dazu bei.

Mehr über solche Preisdynamiken erfährst du zu einem späteren Zeitpunkt in einem der letzten Kapitel. Nun gehen wir zur zweiten Form der Coin-Erschaffung über.

2. PREMINED: In dieser Version werden alle Coins beim Start der Kryptowährung erstellt und auf Konten aufgeteilt. Dies kann natürlich vollkommen fair nach einem bestimmten Ablauf oder komplett unfair – bei einer Verteilung auf zum Beispiel nur wenige Personen – vonstattengehen. Solange die Verteilung also NICHT im Rahmen einer legitimen Blockchain geschieht, muss dieses Vorgehen als Betrug und Abzocke betrachtet werden. Denn der Ersteller täuscht hier ein dezentralisiertes System vor, es funktioniert jedoch eigentlich wie eine zentrale Währung. Leider betrügen viele Leute auf diese Art und Weise, denn es ist für den Krypto-Anfänger oft nicht klar ersichtlich, was legitimes Premining ist und was nicht. Als Faustregel gilt: Wenn die Urheber mehr als 50 % der Coins behalten, ist dies als Marktmanipulation anzusehen und sollte nur mit Vorsicht behandelt werden. Ripple, Initial Coin Offerings (ICOs), Tokensales und einige andere nutzen Premining jedoch als legitime Möglichkeit, alle Coins vorab zu erstellen, um sie dann auf dem Markt zu verkaufen. Wir werden später im Altcoin-Kapitel noch ausführlich auf diese Anwendungsfälle eingehen.

3. EIN MIX VON PREMINED UND MINING: Einige Coins, wie zum Beispiel Ethereum, verwenden ein Hybrid-Modell aus Option 1 und 2. Die Blockchain startet mit einer Menge an durch Premining erstellten Coins, danach folgt jedoch auch ein Mining-Modell. Die Gesamtmenge der Coins kann, wie es bei Ethereum Classic mit etwa 210 Millionen ETC Coins der Fall ist, begrenzt sein, oder, wie beim anderen (traditionellen) Ethereum, unbegrenzt. Beide Modelle funktionieren, und nur die Zukunft kann zeigen, welches aus wirtschaftlicher Sicht besser sein wird.

KAPITEL 6 – WALLETS

Nachdem wir nun einiges über Kryptowährungen gelernt haben, fragst du dich vielleicht, wo und wie du die Coins aufbewahren kannst. Eine weitaus wichtigere Frage ist jedoch, wie man den Private Key sicher aufbewahrt.

WAS IST EINE WALLET?

Man kann keine Coins speichern. Coins werden immer auf der Blockchain aufgezeichnet und bewegen sich nie von dort weg. WALLETS (zu Deutsch: Geldbörsen) sind Applikationen, die verwendet werden, um den Private Key zu sichern.

WAS BEFINDET SICH IN EINER WALLET?

Viele Leute verwirrt das und sie reden davon, eine gewisse Anzahl an Coins in ihrer Wallet zu haben. Was sie eigentlich meinen, ist, dass sie den Private Key zu einer bestimmten Menge an Coins in ihrer Wallet haben. Wenn man jemals eine Wallet verliert, verliert man nicht unbedingt die Coins – solange man den Private Key noch woanders gespeichert hat. Eine Wallet funktioniert ähnlich wie ein Passwort-Manager, der die ganzen Passwörter für unterschiedliche Services speichert. Nur weil man den Passwort-Manager verliert, verliert man nicht unbedingt den Zugang zu einem Service – solange man sich das Passwort noch woanders aufgeschrieben oder es sich gemerkt hat.

Im Kryptowährungsbereich gibt es unterschiedliche Möglichkeiten an Wallets. Hier findest du eine Übersicht:

1. Paper Wallet (zu Deutsch: Private Keys auf Papier)
2. Mind Wallet (zu Deutsch: Private Keys im Gedächtnis)
3. Soft Wallet (zu Deutsch: Private Keys in einer App gespeichert)
4. Hard Wallet (zu Deutsch: Private Keys werden auf einem speziellen Stick, jedoch KEINEM USB-Stick, gespeichert)
5. Exchanges (zu Deutsch: Börsen, die die Verwaltung des Private Keys für ihre Nutzer übernehmen)

PAPER WALLETS

Im Jahr 2009, als Bitcoin gerade gestartet war, wurden die allerersten Private Keys einfach von einem Zufallszahlen-Generator erstellt und dann auf ein Stück Papier geschrieben. Man nannte diese Form Paper Wallets. Paper Wallets sind noch heute gängig und gelten als eine der sichersten Möglichkeiten, den Private Key zu speichern. Denn sie sind nicht über digitale Medien zugänglich. Ich empfehle Paper Wallets nur als Cold Storage (zu Deutsch: Sicherungskopie ohne Verbindung zum Internet), um größere Mengen an Coins zu verwalten, die man eher langfristig halten will. Sie sind zwar unglaublich sicher, doch auch extrem umständlich zu verwenden.

Um eine Paper Wallet zu kreieren, macht man Folgendes:

1. Generiere einen Private Key beziehungsweise einen Seed (was das ist, beschreibe ich gleich) und die dazugehörige Public Address in einer Wallet oder einem Offline-Zufallsgenerator.
2. Schreibe dir den Private Key beziehungsweise Seed mit Bleistift auf einem starken Blatt Papier auf. Verwende KEINEN Ku-

gelschreiber, da sich dessen Tinte im Laufe der Zeit auflösen könnte. Denke daran, dass dieser Key auf dem Papier so lange überleben muss, wie Coins mit deiner Public Address verbunden sind. Das kann jahrzehntelang der Fall sein.

3. Kopiere die Public Address auf den Computer oder aufs Handy. Diese kannst du einfach so verschicken, damit dir jemand Coins dorthin senden kann. Mach dies JA NICHT mit dem Private Key.

4. Am besten ist, den Private Key beziehungsweise Seed auf drei oder vier verschiedenen Papieren zu notieren und diese dann an verschiedenen Orten zu lagern. Sollte eine Naturkatastrophe oder ein Einbruch passieren, hast du immer noch ein Backup irgendwo anders. Nutze KEINEN Kopierer oder Computer dafür, denn diese könnten versehentlich interne Kopien abspeichern. Lege deine Zettel dann an sicheren Orten ab, zum Beispiel in einem Safe oder einem Bankschließfach.

5. Fertige NIEMALS eine digitale Kopie einer Paper Wallet an, denn damit wird der Zweck eines sogenannten Offline- oder Cold-Storage vereitelt, der digital nicht erreichbar ist. Wenn eine digitale Kopie vorhanden ist, kann darauf irgendwie zugegriffen werden. Genau das willst du jedoch vermeiden, das ist schließlich der Grund, warum du den Aufwand, eine Paper Wallet zu erstellen, auf dich nimmst – damit außer dir sonst niemand an deinen Private Key kommt. Mach also keine Fotos davon, kopiere nichts, etc.

6. Normal verzeichnet man auf die Adresse der Paper Wallet viele Geldeingänge, man verschickt jedoch immer nur einmal Geld damit. Danach muss man eine neue Paper Wallet anlegen und den ganzen Prozess wiederholen. Der Grund dafür besteht darin, dass man zum Verschicken bei der Eingabe des Private Keys online sein muss, was eine Sicherheitslücke darstellt. Man kreiert also eine neue Paper Wallet und verschiebt die restliche Summe, die übrig ist, auf die neue Public Address.

Wie du siehst, ist dieser Prozess unglaublich langwierig und aufwendig, jedoch richtig sicher. Ich persönlich verwende Paper Wallets nur für Geldsummen, welche ich vorerst nicht brauche, die ich aber so sicher wie möglich aufbewahren möchte. Mach beim Aufschreiben des Private Keys JA NICHT den Fehler, ihn absichtlich zu verfälschen, sodass niemand, in dessen Hände er gerät, etwas damit anfangen kann. Denn der Glaube, sich auch noch nach Jahren an die genaue Art der Verfälschung zu erinnern, ist trügerisch. Du musst dich an die Änderung selbst in zehn Jahren noch erinnern. Ein Freund von mir dachte zum Beispiel, er wäre besonders schlau, und änderte eines der Wörter seines Seeds, den er auf Papier niedergeschrieben hatte. Er dachte, sollte jemand dieses Paper Wallet finden, würde es wertlos sein, weil nur er selbst wusste, welchen Teil er geändert hatte. Es passierte jedoch etwas anderes: Einige Monate später brauchte er den Private Key, er hatte jedoch vergessen, welches Wort er verändert hatte. Er versuchte verzweifelt, das richtige Wort zu finden, doch konnte er sich nicht mehr an die korrekte Version erinnern. Glücklicherweise hatte er nicht zu viele Coins mit diesem Private Key verbunden, und so kam er weitestgehend mit dem Schrecken davon. Wenn du also die Arbeit einer Paper Wallet auf dich nimmst, dann mach das richtig. Lass dich nicht auf irgendwelche gefährlichen Experimente ein, sie könnten dich teuer zu stehen kommen.

MIND WALLETS

Wer ein besonders gutes Gedächtnis hat, kann eine noch sicherere Wallet-Variante verwenden: das eigene Gehirn (auf Englisch: mind). Der Ablauf im Vergleich zum Paper Wallet ist der gleiche, nur dass man hier den Private Key beziehungsweise den Seed auswendig lernt und ihn nicht aufschreibt.

SOFT WALLETS

In der Zeit um den Jahreswechsel 2010/2011 waren viele Bitcoin-User die Paper und Mind Wallets leid und fingen stattdessen an, Soft(ware) Wallets zu programmieren. Hier wird der Private Key mit einem Passwort auf einem Computer oder einer App gesichert. SPV-, Web- und Lite-Wallets gehören ebenfalls in diese Kategorie. Man kann nun Coins über diese Anwendungen ganz einfach empfangen und senden, ohne die mühsame Importarbeit der Offline Wallets erledigen zu müssen. Soft Wallets sind jedoch nicht so sicher wie Offline Wallets, da alles, was mit einem Computer und insbesondere mit dem Internet verbunden ist, Gefahr läuft, gehackt zu werden. Dennoch sind sie viel nutzerfreundlicher. Wer zudem ein schwieriges Passwort für die Wallet verwendet und gleichzeitig den Private Key NIEMALS irgendwohin kopiert, außer in Form einer Paper Wallet als Backup, ist ziemlich sicher damit.

WICHTIG

Wenn du den Private Key der Soft Wallet als Paper Wallet abspeichern willst für den Fall, dass du die Soft Wallet verlierst, so schreibe ihn mit Bleistift ab. Kopiere ihn nicht, mache keine Screenshots und drucke ihn auch nicht aus.

<u>Was passiert mit deinen Coins, wenn du dein Handy oder deinen Computer verlierst?</u>
Es ist sehr wichtig, dass du den Private Key zusätzlich aufschreibst. Damit sorgst du vor für den Fall, dass du die Soft Wallet auf deinem Handy oder Computer verlierst beziehungsweise versehentlich löschst. Solange kein anderer Mensch auf das Handy oder den Computer zugreifen kann, sollten deine Coins ziemlich sicher sein. Den Private Key kannst du dann einfach vom Papier in eine andere Soft

Wallet eingeben und schon hast du wieder Zugriff auf deine Coins. Denke daran, dass es nie Coins sind, die in einer Wallet sind, sondern nur die Info, welcher Adresse sie zugeordnet sind.

HARD WALLETS

Um das Beste aus den beiden Welten von Offline-Sicherheit (Cold Storage) und Online-Komfort (Hot Storage) herauszuholen, begannen Unternehmen, Hard Wallets zu erstellen. Hard Wallets sind ähnlich wie ein USB-Stick, sie funktionieren jedoch komplett anders: Sie können nur dann vom Computer angesprochen werden, wenn man am Gerät einen PIN eingibt. Dies zu verstehen, ist wirklich wichtig, denn es gibt immer wieder Scharlatane, die versuchen, normale USB-Sticks, die natürlich vom Computer aus abgerufen werden können, zum Preis richtiger Hard Wallets zu verkaufen. Der riesige Vorteil solcher Hard Wallets ist, dass der Private Key immer offline gespeichert wird und man die Wallet auch immer physisch bedienen muss. Dennoch kann man nach deren Aktivierung die Coins komfortabel am Computer versenden. Verliert man eine Hard Wallet, sind die Folgen ähnlich wie bei einer Soft Wallet, nur ist die Sicherheit noch ein bisschen höher. Einen solchen Stick zu hacken ist praktisch nicht möglich, wenn man den PIN nicht weiß. Man gibt den Private Key, welchen man sich hoffentlich zur Sicherheit auf einem Blatt Papier aufgeschrieben hat, nun entweder in eine andere Soft oder Hard Wallet ein und voilà! schon hat man wieder Zugriff auf die Coins. Ein Handy oder einen Computer zu hacken, ist da schon um einiges einfacher. Jedem, der sich mit Kryptowährungen ernsthaft auseinandersetzen will, kann ich eine solche Hard Wallet nur wärmstens empfehlen. Die Hard Wallet, die ich verwende, kostet zwischen 80 und 100 Euro und lohnt sich allemal. Erhältlich ist sie beispielsweise unter: www.julianhosp.com/ hardwallet.

EXCHANGES

Die komfortabelsten, jedoch riskantesten Services sind all jene, bei denen man den Private Key nicht selbst kontrolliert, sondern verwalten lässt. Dafür winkt die Aussicht auf eine nutzerfreundliche Login-Oberfläche. Hierzu zählen Exchanges, wo man Kryptowährungen kaufen und verkaufen kann. Dazu gehören außerdem Private Wallets, welche nicht, wie die oben genannten, Open Source sind. Diese Angebote sind per se nichts Schlechtes. Es ist nur wichtig, zu verstehen: Wer Dienste nutzt, bei denen der Betreffende den eigenen Private Key nicht kennt, kontrolliert seine Coins nicht wirklich. Du vertraust der Firma, die deinen Private Key kontrolliert. Im Gegenzug für den Kontrollverlust bieten solche Exchanges meist eine enorm nutzerfreundliche Login-Passwort-Oberfläche an, die den Zugang zu Kryptowährungen ungemein vereinfacht, da sie ähnlich funktioniert wie der Bezahldienst PayPal.

Solche Services aus Bequemlichkeit zu verwenden, ist okay, solange man weiß, worauf man sich dabei einlässt. Man gibt die Kontrolle komplett aus der Hand. Auch ich bewahre kleine Mengen meiner Kryptowährungen direkt auf solchen Plattformen auf, entweder weil ich etwas Liquidität bereithalten will, um bestimmte Kryptowährungen zu kaufen oder zu verkaufen, oder weil mir das Herunterladen beziehungsweise das Verwenden einer Soft Wallet für einen bestimmten Coin zu aufwendig ist angesichts des kleinen Betrages, den ich in den betreffenden Coin investieren will. Es gibt leider nur sehr wenige Soft Wallets, die mehrere Coins gleichzeitig bei vollständiger Sicherheit anbieten, und so schafft eine Exchange ein wenig Abhilfe. Wir werden am Ende noch ein bisschen mehr über das Kaufen, Halten und Verkaufen der Coins sprechen. Hier will ich vor allem eine technische Übersicht zu den unterschiedlichen Systemen geben.

WICHTIG

Du kannst NIEMALS deine Coins verlieren, denn Coins können nicht verloren gehen. Bei Bitcoin wird es am Ende immer knapp 21 Millionen Coins geben, sie bleiben immer auf der Blockchain. Nutzer können nur ihren Private Key verlieren, mit dem sie auf diese Coins zugreifen können. Auch wenn Menschen oft sagen, dass sie Coins verloren haben oder fast verloren hätten, so ist das Verständnis darüber, was genau passiert, wichtig, um selbst top vorbereitet zu sein.

EINE PERSÖNLICHE LEHRREICHE ERFAHRUNG

Vergiss ja nie, den Private Key wie bares Geld zu behandeln. Nur weil er lediglich eine Kette von Buchstaben oder Wörtern ist, heißt das nicht, dass er wertlos ist. Ganz im Gegenteil, er kann Millionen wert sein. An diesen Umstand musste ich mich selbst einmal auf einer Reise erinnern. Meine Hard Wallet war an meinen Computer angeschlossen, da ich gerade ein paar Trades (zu Deutsch: Käufe und Verkäufe) durchführen wollte. Dabei drückte mein Notizbuch auf die Tasten zur PIN-Eingabe und so wurde die Hardware Wallet komplett zurückgesetzt, was sie nach mehrmaligen Fehlversuchen aus Sicherheitsgründen automatisch macht. Yikes! Ich hatte nun keine Möglichkeit mehr, über das Gerät auf die Coins zuzugreifen – und das war relativ viel Geld. Ich schluckte kurz, denn der einzige Weg, um wieder Zugang zu meinen Geldern zu erhalten, wäre gewesen, den Private Key einzugeben. Der Zettel, auf dem der Private Key notiert war, befand sich in einem Bankschließfach außerhalb meiner Reichweite. Ich wollte jedoch nicht warten, bis ich diesen Zettel selbst abholen konnte. Ich musste die Trades jetzt durchführen. Also rief ich zuerst meine Bank und dann meinen Vater an, um ihm Zugang zum Schließfach zu ermöglichen. Jetzt kam jedoch das Problem: Wie würde er mir den Seed, der aus 24 Wörtern bestand, übermitteln können, ohne dass irgendjemand im Geheimen mitlauschen könnte? (man nennt dies eine »man in the middle attack«)? Da es um viel Geld ging, wollte ich das nicht riskieren – meinem Vater vertraute ich natürlich schon. Schlussendlich verwendeten wir eine Mischung aus verschiedenen Video-, Audio- und Schreibkanälen, bis ich alle 24 Wörter hatte, die zu meinem Privat Key gehörten. Ich tippte sie in meine Hard Wallet ein. Das Herz pochte, wie du dir vorstellen kannst. Doch siehe da: Der Zugang war wiederhergestellt. Doch daraufhin generierte ich sofort einen neuen Private Key und sendete das Geld an die zugehörige neue Public Address. Auf diese Weise war der Private Key, den mir mein Vater durchgegeben hatte, komplett wertlos. Die Geschichte erinnert mich immer daran, wie wichtig es ist, den Private Key genauso zu behandeln wie Bargeld. sie zeigt aber auch, dass ein paar Dinge in der Blockchain, insbesondere die Speicherung (und auch die Vererbung) von Private Keys, nicht so einfach sind, wie sie es wahrscheinlich in Zukunft sein werden. Nur so werden Kryptowährungen massentauglich.

Wenn du jetzt ausflippst und Angst hast, dem Krypto-Ökosystem beizutreten, mach dir keine Sorgen. Viele Firmen arbeiten an dem Problem, um Private Keys noch sicherer und einfacher zu machen. Zudem werden Firmen, wo du den Private Key nicht selbst hast, sondern verwalten lässt, immer sicherer. Statistisch gesehen, sind bisher mehr Private Keys verloren gegangen, die Leute selbst zu verwahren versucht haben, als jene bei Exchanges. Der Grund, warum die Medien nur kolportieren, dass Gelder auf Exchanges verloren gehen, ist der gleiche wie bei Auto- und Flugzeugunfällen. Flugzeuge sind um ein Vielfaches sicherer als Autos, aber wenn ein Flugzeug abstürzt, weiß die ganze Welt davon – dagegen hören wir nicht viel von den Millionen Menschen, die jedes Jahr bei Autounfällen sterben. Ähnlich läuft es in der Blockchain-Welt: »Stirbt« eine Exchange und viele

Menschen sind betroffen, so schreibt die gesamte Presse davon, doch niemand spricht darüber, dass eigentlich viel mehr Menschen Gelder in Eigenregie verlieren. Entweder weil sie ihren Private Key verlieren oder weil sie gehackt werden. In der Presse wird dies wiederum komplett falsch dargestellt und man spricht fälschlicherweise davon, dass »die Blockchain gehackt wurde«.

KANN MAN EINE BLOCKCHAIN HACKEN?

Wenn man vom Hacken einer Blockchain im korrekten Sinne spricht, dann bedeutete das, die Kryptographie zu hacken. Da alle kryptographischen Algorithmen wie SHA256 nicht spezifisch für Blockchain, sondern überall im Internet verwendet werden, würde ein solcher Hack die gesamte Welt auf ungeahnte Art und Weise treffen. Aus heutiger Sicht kann ein solcher Hack komplett ausgeschlossen werden. Wäre er möglich, dann wäre er schon längst passiert. Es ist einfach nicht möglich, ausgehend von den Public Addresses die Private Keys zu ermitteln, und genau das ist die Basis einer Blockchain. Wenn man also in der Presse liest, dass die Blockchain wieder einmal gehackt wurde, heißt das, dass entweder eine Exchange oder die Private Keys eines Nutzers gehackt wurden. Es handelt sich hier eher um einen Phishing-Angriff als »einen Blockchain-Hack«. Dies ist das Gleiche wie bei vielen anderen Services, wo Angreifer dein Passwort etc. ausfindig machen wollen. Natürlich ist das für die Presse nicht so aufregend, und so wird das Geschehnis dann leider falsch beschrieben. Damit diese Fehlinformation künftig nicht mehr verbreitet wird, müssten alle Parteien zusammenarbeiten. Das bedeutet: Die Presse, die hoffentlich auch dieses Buch liest, müsste aufgeklärt werden, die Nutzer, die von der Sicherheit ihrer Daten abhängen, müssten entsprechend trainiert werden, und die Firmen, die Private Keys verwalten, müssten den Umgang mit sensiblen Daten immer besser vollziehen.

Eines der Features, um den Umgang mit Kryptowährungen noch sicherer zu machen, sind Public Addresses, die sich ständig ändern.

WARUM ÄNDERT SICH DIE PUBLIC ADDRESS STÄNDIG?

Bei den meisten Soft oder Hard Wallets wirst du eine merkwürdige Eigenschaft feststellen: Wenn du Coins auf eine Public Address bekommst, wird dir von der Wallet eine neue Public Address zur Verfügung gestellt, die zum Empfang der nächsten Coins gedacht ist. Übertragen auf eine Banküberweisung hieße das: Jedes Mal, wenn dir Geld aufs Konto überwiesen wird, erhältst du gleichzeitig automatisch eine neue Kontonummer für den nächsten Geldeingang. Dies mag dir zunächst verwirrend erscheinen, da ein solcher Vorgang weder bei einem Bankkonto noch bei E-Mail-Adressen üblich ist. Es gibt jedoch zwei gute Gründe dafür, warum sogenannte deterministische Wallets die Public Addresses stets erneuern.

WAS SIND DETERMINISTISCHE WALLETS?

Diese ständige Erneuerung der Public Address ist ein Feature deterministischer Wallets. Es wurde während eines sogenannten Bitcoin Improvement Proposals (BIP) in Bitcoin implementiert. Dabei ging es um die Umsetzung kleiner Verbesserungen des ursprünglichen Bitcoin-Codes, um zusätzliche Sicherheit, aber auch Bequemlichkeit zu bieten. In diesem Fall war es BIP32 (Nummer 32 in der Liste der Verbesserungen), wo Folgendes vorgeschlagen wurde: Sollte es je in einem höchst unwahrscheinlichen Fall zu einer Adresskollision kommen, bei der zwei Parteien die gleiche Adresse erhalten, dann hätte ein jeder Nutzer nicht nur eine Adresse, der alle Coins zugeordnet sind, sondern er besäße so viele Adressen, wie er Bezahlungen erhalten hat. Das könnten Dutzende oder sogar Tausende sein. Der Nutzer hat also nicht nur ein Konto, sondern kreiert bei jedem Geldeingang automatisch ein neues. Wenn nämlich das Geld auf hunderte oder sogar tausende Konten aufgeteilt ist, stellt das eine Absicherung gegen Hacks oder Kollisionen dar.

Der zweite Grund für das Aufsplitten der Gelder ist ein zusätzlicher Schutz der Privatsphäre, worüber wir in einem späteren Kapitel noch im Detail sprechen werden. Um dir einen kurzen Einblick zu geben: Die Blockchain ist nun einmal 100 % transparent. Je mehr Adressen existieren, auf die das Geld aufgeteilt wird, desto schwieriger ist es für einen Außenstehenden, herauszufinden, wie viel Geld ein Nutzer insgesamt besitzt. Dadurch wird deren Privatsphäre verbessert.

Wie nehmen deterministische Wallets, technisch betrachtet, diese Adressgenerierung vor? Dies funktioniert über einen Seed.

WAS IST EIN SEED?

Damit deterministische Wallets all diese Adressen generieren, nutzen sie einen Seed als Anleitung. Das ist nichts anderes als eine Kombination aus 8, 12 oder 24 Wörtern. Diese Wörter stellen einen Code für die Wallet dar, wie sie den ersten und dann alle folgenden Private Keys generiert. Anstatt also nur einen Private Key per Zufall zu generieren, generieren deterministische Wallets eine zufällige Anleitung, mit der dann unzählig viele Private Keys und damit auch Public Addresses generiert werden können. Wenn man die Anweisung kennt, ist es sehr einfach, zu den Private Keys zu gelangen, aber genauso, wie man von der Public Address unmöglich zum Private Key kommt, lässt ein Private Key auch niemals den Rückschluss auf die ursprüngliche Anleitung zu.

BEISPIEL

Vereinfacht dargestellt, funktioniert das so:

Stell dir vor, dass die Anweisung besagt, dass der nächste Private Key immer der aktuelle Private Key plus die Summe all seiner Ziffern ist. Angenommen der Key wäre 11, dann wäre der nächste 13 (11+1+1). So funktioniert es bei Bitcoin natürlich nicht, weil die eigentliche Anleitung dort durch eine komplexe kryptographische Funktion dargestellt wird. Doch immerhin veranschaulicht dieses Beispiel das Prinzip.

Gehen wir einmal von der vereinfachten Anleitung aus und versetzen wir uns in die Person eines Hackers hinein: Angenommen du hast nun als Hacker den Private Key eines Nutzers, zum Beispiel 3628, herausgefunden. Trotzdem wird es dir unglaublich schwerfallen, den vorherigen Key zu ermitteln. Was könnte nun der vorherige Private Key sein? Es wäre die Zahl, bei der die Ziffern addiert diesen Key von 3628 generiert hätten. Nach einigem Probieren wirst du irgendwann draufkommen, dass es 3614 ist. Warum 3614? Durch Hinzufügen der Ziffern zum Private Key (3 + 6 + 1 + 4 = 14) gelangt man von 3614 + 14 zu 3628.

Nachdem deterministische Wallets Coins streuen, wird einem Private Key selten das ganze Geld zugeordnet sein. Als Hacker müsstest du nun die ursprüngliche Anleitung kennen, welche natürlich um ein Vielfaches komplizierter ist als das obige Beispiel. Zusätzlich müsstest du unglaublich viel Rechenarbeit leisten, um Keys zu berechnen. Beides wird nicht passieren, das macht solche deterministischen Wallets unglaublich effizient.

Als Nutzer brauchst du dir über all das wenig Gedanken machen. Du weißt ganz einfach, dass du eine solche Wallet hast, indem du dir 8, 12 oder 24 Wörter und keinen Private Key aus Zahlen und Ziffern aufschreiben musst. Die deterministische Wallet nutzt dann den Seed, konvertiert ihn in den ersten Key und prüft daraufhin alle Private Keys, die durch den Algorithmus erzeugt werden, ob nun Coins damit assoziiert sind oder nicht. Nach einer gewissen Anzahl an noch nie benutzten Private Keys, hört die Wallet auf zu testen. Wenn also der neunte Key irgendwann noch Coins enthalten hat, aber keiner der folgenden, würde die Wallet zum Beispiel noch 100 weitere Keys bis zur Nummer 109 prüfen und dann die Anzahl der gesamten Coins als eine Zahl in der Wallet anzeigen.

WICHTIG

Da die Wallet automatisch alle Private Keys überprüft, kann man natürlich Coins sowohl an »alte« als auch an »neue« Adressen senden. Solange eine Adresse jemals in der Wallet angezeigt wurde, bekommst du die Coins auch. Für erhöhte Sicherheit und Privatsphäre macht es jedoch Sinn, immer eine neue Adresse zu verwenden.

Wir haben jetzt darüber gesprochen, was Blockchain und Kryptowährungen sind, wie Mining funktioniert, wie Kryptowährungen entstehen und was Wallets sind. Gehen wir nun auf einige der Probleme ein, mit denen Blockchains konfrontiert sind oder künftig konfrontiert sein könnten.

KAPITEL 7 – BLOCKCHAIN-FORKS UND -ANGRIFFE

Da eine Blockchain eine Gemeinschaftsaufgabe ist, kann es immer wieder vorkommen, dass ein Teil dieser Gemeinschaft nicht immer mit dem übereinstimmt, was die anderen wollen. Wir haben ein Beispiel dafür im Abschnitt über Orphan Blocks bereits behandelt, bei denen es sich ja auch um eine ungewollte Entwicklung handelt (zwei parallel entstandene Blocks), bei der die Entscheidung nötig ist, welcher Block nun weiterverwendet wird. Die Gemeinschaft kann mit solchen Konflikten jedoch auch auf organisierte Weise umgehen, indem sie versucht, die Blockchain in zwei Stränge aufzuteilen, diese dann aber nicht, wie bei Orphan Blocks, wieder zusammenzufügen. Dies geschieht, um als Fork neue Ideen umzusetzen, aber auch, um die Blockchain als Ganzes anzugreifen. Sprechen wir zuerst über Forks und befassen wir uns anschließend mit dem Thema Angriffe.

WAS IST EIN FORK?

Ein Fork (zu Deutsch: Gabelung) bedeutet, dass der Konsensus in einer Blockchain-Community aufgrund einer mehr oder weniger radikalen Änderung des zugrundeliegenden Protokolls in zwei oder mehrere Stränge aufgeteilt wird.

Wann immer eine Aktualisierung des ursprünglichen Blockchain-Codes vorgeschlagen wird, muss entweder ein Soft- oder ein Hard-Fork initiiert werden, damit diese Änderungen auch wirksam werden. Manchmal kann es sich um etwas Kleines wie ein simples

Update handeln, aber manchmal geht es um etwas Großes, wie etwa eine Änderung der Coin-Anzahl.

WAS IST EIN SOFT-FORK?

Ein Soft-Fork funktioniert wie ein Update des bestehenden Protokolls. Ältere Versionen werden immer noch akzeptiert, aber diese älteren Versionen verfügen dann nicht über die neueren Funktionen. Verwenden wir WhatsApp als ein vertrauteres Beispiel. Wenn es eine neue WhatsApp-Version im App Store gibt, du deine alte Version jedoch NICHT aktualisierst, bedeutet dies, dass du möglicherweise einige neue Funktionen nicht verwenden kannst. Du wirst aber deine Freunde NICHT verlieren und du kannst immer noch die alten Funktionen nutzen. Das Gleiche gilt für einen Soft-Fork bei einer Blockchain:

Ein Soft-Fork funktioniert wie ein neues Update und ist RÜCKWÄRTSKOMPATIBEL. Der Konsensus wird nicht angegriffen und daher teilt sich die Blockchain normalerweise NICHT in verschiedene Stränge auf.

Es gibt hierzu Ausnahmen, wie das bei Bitcoin im August 2017 mit SegWit (Segregated Witness) der Fall war. SegWit war zwar ein Soft-Fork (Update) für das Bitcoin-Protokoll, allerdings enthielt es einige Features, die keinen einheitlichen Konsensus erlauben würden. Dies war aber eine Ausnahme von der Regel, denn im Allgemeinen passieren solche Soft-Forks regelmäßig und ohne großes Aufsehen, um die Funktionalität einer Blockchain stetig zu verbessern.

WAS IST EIN HARD-FORK?

Ein Hard-Fork wirkt sich drastischer aus. Um das WhatsApp-Beispiel von zuvor zu verwenden: Stell dir vor, deine Freunde sind mit einigen Funktionen in WhatsApp unzufrieden, aber anstatt es zu aktualisieren, entscheiden sie sich dafür, eine völlig andere App zu nutzen. Dies ist ein echter Split beziehungsweise Fork. Wenn deine Freunde nicht beides nutzen wollen, musst du dich entscheiden, welcher Gruppe du angehören willst, weil die beiden Apps (Whatsapp und die neuere Alternative) NICHT miteinander kompatibel sind.

Ein Hard-Fork verursacht immer einen Split beziehungsweise Fork der Blockchain, da ein neu vorgeschlagenes Upgrade NICHT rückwärtskompatibel mit der vorherigen Version ist und sich der Konsensus zwischen den Gruppen somit unterscheidet.

Hard-Forks kommen selten vor, aber wenn, ziehen sie massive Aufmerksamkeit auf sich, weil sich Leute für eine Seite entscheiden müssen. Eine berühmter Hard-Fork geschah im Juli 2016 an der Ethereum-Blockchain, nachdem es einem Angreifer im Juni 2016 gelungen war, aus einem digitalen Smart-Contract Ether Coins im Wert von knapp 60 Millionen Euro zu stehlen. Während sich ein Teil der Community dafür entschied, dies ungeschehen zu machen, drängte ein anderer Teil der Community darauf, dass »der Code Gesetz sei« und nicht nachträglich manipuliert werden sollte, auch wenn das, was passiert war, nicht wünschenswert sei. Nachdem sich die Gruppen nicht einigen konnten, folgte ein Fork der Blockchain in Ethereum (ETH) und Ethereum Classic (ETC). Ironischerweise behielt der Fork, der sich abspaltete, den ursprünglichen Namen Ethereum, obwohl dieser Teil der Community es war, der das Geschehene nachträglich veränderte.

WAS PASSIERT MIT DEN COINS WÄHREND EINES FORKS?

Bei einem Fork ist es besonders wichtig, dass man den Private Key selbst kontrolliert und ihn nicht einer Exchange oder einer anderen dritten Partei anvertraut. Da beide neuen Chains auf der Vergangenheit der ursprünglichen Chain aufbauen, kann dein Private Key nun auch die Coins auf BEIDEN Chains kontrollieren. Das führt zuerst immer zu Verwirrung, aber wenn du dich daran erinnerst, dass du ja niemals Coins, sondern immer nur die Keys in einer Wallet hast, wird es klarer. Da der Key auch zuvor auf der ursprünglichen Chain die Coins kontrolliert hat, kontrolliert er jetzt eben die Coins auf beiden neuen. In dem beschriebenen Beispiel von Ethereum hatte man zuerst 1 ETH auf der ursprünglichen Chain und nach dem Fork 1 ETC UND 1 ETH. Beim Wert dieser neuen Coins dreht sich alles um Angebot und Nachfrage und hat viel damit zu tun, wie viel Vertrauen die Gemeinschaft in jeden Coin jeweils hat. Wenn der Wert des ursprünglichen Coins vorher 10 Euro war, so sollte normalerweise die Summe der beiden geforkten Coins immer noch 10 Euro (zum Beispiel 1 Euro + 9 Euro) betragen. Wenn man jedoch einige der Probleme berücksichtigt, die während des Forks auftreten, ist der Gesamtwert danach oft geringer als zuvor.

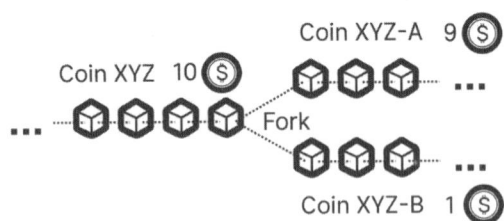

WARUM KREIERT NICHT JEDER FORK NEUE COINS?

Am 7. Oktober 2011 schlug Charlie Lee, ein früherer Mitarbeiter von Google, vor, den Bitcoin-Code mit einigen neuen Implementierungen als neuen Coin namens Litecoin zu forken: Beispielsweise sollten Blöcke nur ein Viertel der Zeit von Bitcoin beanspruchen (2,5 Minuten bei Litecoin versus zehn Minuten bei Bitcoin). Die maximale Anzahl an Coins wurde auf das Vierfache erhöht (84 Millionen Litecoins gegenüber 21 Millionen bitcoins). Außerdem wurde ein neuer Mining-Algorithmus (Scrypt bei Litecoin versus SHA256 bei Bitcoin) implementiert. Offensichtlich war dies NICHT mit Bitcoin kompatibel und so kam es zu einem Fork. In diesem Fall begann dieser jedoch mit einem völlig neuen Genesis-Block (Block Nr. 0), was dazu führte, dass Leute keine zusätzlichen Coins bekamen, da Litecoin auf der Code- und nicht auf der Blockchain-Basis geforkt wurde. Dies bedeutet, dass Charlie den Code kopierte und änderte, um dann mit einer neuen Blockchain von vorn zu beginnen, anstatt die vorhandene Historie mitzunehmen. Jeder, der sich für Litecoin interessierte, musste entweder am Mining teilnehmen oder Litecoins von den Minern kaufen. Es war ein richtiger Reset mit einem Neustart.

Litecoin ist einer der ersten Forks von Bitcoin (der erste war eigentlich Namecoin) und zweifellos der berühmteste. Einer der Gründe, warum Litecoin überlebt hat, ist der Wechsel des Mining-Algorithmus, der Bitcoin-Miner davon abgehalten hat, die Litecoin-Chain anzugreifen. Wie solche Angriffe im Detail funktionieren, werden wir in Kürze besprechen.

WARUM KANN NICHT JEDER EINFACH EINE BLOCKCHAIN FORKEN?

Theoretisch könnte jeder einen Fork erzwingen, aber es bedarf eines gewissen Aufwands. Zuerst muss man genug Nachfrage für einen neuen Coin erzeugen, sonst ist der neue Fork wertlos. Weiterhin muss man das Problem der Mining Difficulty lösen. Die Mining Difficulty stellt sich immer auf ein Niveau ein, bei dem das gesamte Netzwerk eine bestimmte Zeit benötigt (zum Beispiel zehn Minuten im Falle von Bitcoin), um einen neuen Block zu finden (das Rätsel zu lösen). Wenn die Community sich halbiert oder sich, wie im Beispiel von Bitcoin (BTC) und Bitcoin Cash (BCH) im Jahr 2017, in 90 % BTC und 10 % BCH aufsplittet, so wird die BCH-Gemeinschaft zehnmal länger (100 Minuten) benötigen, um einen neuen Block zu finden, als noch vor dem Fork. Das mag zunächst nicht allzu schlimm klingen, aber es verursacht eine große Ungewissheit, was nicht gut für den Preis des neuen Coins ist. Während die Strom- und Gerätekosten gleich bleiben wie vor der Abspaltung, ist nun nicht klar, wann und wie oft die Mining Rewards ausgezahlt werden. Das mindert natürlich das Interesse der Community, was es wiederum unattraktiv macht, den Coin überhaupt zu forken. BCH tat sich während der ersten Tage mit genau diesem Problem sehr schwer, und hätte es nicht mehrere politische und wirtschaftliche Interessen gegeben, BCH überleben zu lassen, so hätte diese Abspaltung – genau wie 99 % aller Forks – wahrscheinlich nicht überlebt. Abgesehen von der Mining Difficulty können sogenannte Replay Attacks auftreten.

WAS SIND REPLAY ATTACKS?

Replay Attacks (zu Deutsch: Kopie-Attacken) passieren, wenn jemand nach einem Fork eine Transaktion von der einen Chain auf den anderen Fork kopiert und dort ebenfalls ausführt.

Wie ist das möglich? Ganz einfach: Da eine Transaktion mit einem geheimen Private Key unterschrieben wird, ist die resultierende Transaktions-ID (das Puzzleteil) einzigartig. Die andere Kette hat jedoch die gleichen Regeln und dieselbe Historie. Eine Person muss also lediglich die Transaktions-ID kopieren und sie auf der anderen Chain erneut aussenden. Wenn man zum Beispiel auf einer Kette einen Coin verschicken wollte, verschickt man die Coins nun auch auf der anderen Kette, was wirtschaftlich drastische Folgen haben kann (man hat plötzlich doppelt bezahlt). Dies kann vermieden werden, indem von den Programmierern eine Replay-Protection (zu Deutsch: ein Kopierschutz) installiert wird. Gerade am Anfang implementieren viele Forks das nicht, was massive Probleme beim Senden verursacht. Genau das passierte auch in den ersten Wochen des ETH / ETC Forks und es dauerte ein paar weitere Wochen, bis das Chaos behoben war.

WAS SOLLTE MAN WÄHREND EINES FORKS TUN?

Am besten wartet man während eines Forks ab, bis sich der Staub und das Chaos wieder gelegt haben. Sobald Exchanges und Wallets den neuen Coin listen und eine Replay-Protection installiert worden ist, kann man ihn verschicken, verkaufen oder kaufen.

Abgesehen von mehr oder weniger legitimen Versuchen, eine Blockchain zu forken, können Miner auch Attacken auf die Blockchain ausführen.

WAS SIND BLOCKCHAIN-ATTACKEN?

Blockchain-Attacken sind Angriffe auf den Konsensus der Blockchain. Sie sind heute bei großen Blockchains nicht mehr relevant, da sie sehr schwer zu erreichen sind und von der Community sofort aufgedeckt werden. In spieltheoretischen Begriffen ausgedrückt, gibt es einen Punkt in einer Blockchain, an dem der Angriff weit weniger rentabel ist als die Kosten, ihn durchzuführen. Zur Info: Spieltheorie erstellt mathematische Modelle, wie sich intelligente und rationale Entscheidungsträger in bestimmten Szenarien verhalten.

> **WICHTIG**
>
> Je größer und dezentraler eine Blockchain-Community ist, desto weniger wahrscheinlich kann sie angegriffen werden.

Im Falle von Bitcoin ist klargeworden, dass der einzig wirklich profitable Angriff der ist, bei dem Blöcke zurückgehalten werden.

WARUM WÜRDEN MINER BLÖCKE ZURÜCKHALTEN?

Blöcke zurückzuhalten, erscheint auf den ersten Blick absolut nicht sinnvoll. Denn wenn ein Miner seinen neu gefundenen Block nicht sendet, erkennt der Rest der Gemeinschaft diesen nicht an, und der Miner erhält keinen Block Reward. Warum sollte er das also tun? Mining ist eine Wahrscheinlichkeitsrechnung. Es dauert im Durchschnitt zehn Minuten, einen Block zu finden, doch es gibt Fälle, in denen jemand einen Block deutlich früher, zum Beispiel bereits nach drei Minuten, findet. Angenommen, er behält ihn jedoch für sich, während der Rest der Community nichtsahnend weiter nach einem gültigen Block sucht. Nehmen wir an, der Rest braucht die durchschnittlichen zehn Minuten, um ihn zu finden und vom gesamten Netzwerk aufgenommen zu werden. Jetzt könnte man denken, dass der Miner, der nach nur drei Minuten einen Block gefunden hat, seine Belohnung verloren hat, denn selbst, wenn er jetzt seinen Block sendet, wird er vom Netzwerk abgelehnt, da es bereits einen Block mit derselben Blocknummer gibt. Das ist einem solchen Miner jedoch klar, und er macht das, weil er nach Ablauf der drei Minuten versucht, den nächsten Block abermals vor allen anderen zu finden. Angenommen, der Rest der Miner braucht wieder die durchschnittlichen zehn Minuten, also 20 Minuten für beide Blöcke, so hat der einzelne Miner etwa 16 Minuten für den zweiten Block, um immer noch schneller zu sein. Er wird diese auch definitiv brauchen, da er alleine definitiv länger als zehn Minuten für den Block mined. Nehmen wir an, er findet diesen nächsten Block schneller als der Rest. Er kann nun BEIDE Blöcke an das Netzwerk senden und da beide Blöcke GÜLTIG sind und nun die LÄNGSTE KETTE konstituieren, lässt jeder andere Miner den alten Block fallen und springt auf den neuen Block auf. Der »verwaiste Block« wird zu einem Orphan Block und der Miner erhält den Blockreward für BEIDE Blöcke. Der Miner ist hierbei nicht wirklich bösartig, weil er versucht, das Netzwerk wie bei einer 51-%-Attacke oder etwas Ähnlichem anzugreifen, sondern betrügt das System, um eine höhere Belohnung zu erhalten.

WAS IST EINE 51-%-ATTACKE?

Bei einer 51 % Attacke schließen sich über 51 % der Hash-Power zu einer Gruppe zusammen, um nun den Konsensus der dezentralen Community zu kontrollieren. Dies schließt Transaktionen, Zensur und so ziemlich alles ein, was mit der Blockchain zusammenhängt. Eine 51%-Attacke würde ein dezentrales System plötzlich zentralisieren.

Eine solche Attacke ist jedoch sehr hypothetisch, da nicht nur über 51 % der Miner zusammenarbeiten müssten, sondern auch keiner der anderen 49 % dies bemerken dürfte. Sobald die Minderheit von 49 % die Attacke bemerkt, würde sie anfangen, sich über die Zentralisierung zu beklagen und sie würde ihre Coins verkaufen. Beides würde den Wert der Coins deutlich senken, und die Leute, die den 51-%-Angriff versuchen, würden höchstwahrscheinlich keinen bedeutenden Gewinn haben – wenn überhaupt. Nehmen wir jedoch an, 51 % einer Blockchain-Community schaffen es, einen solchen Angriff durchzuführen, ohne dass die anderen es merken. Was könnte diese Gruppe anstellen? Erstens könnte sie Transaktionen von und an bestimmte Personen blockieren, indem sie deren Transaktionen einfach nicht in Blöcke inkludiert. Selbst, wenn Miner der Minderheit diese aufnehmen würden, so hätte die 51-%-Gruppe durch die erhöhte Hashing-Power immer die längste Kette, die der Rest aufgrund des Algorithmus automatisch als Konsensus akzeptiert. Zweitens könnte diese 51-%-Gruppe Double Spending durchführen, indem sie die gleichen Coins in sehr kurzen Zeitabständen an unterschiedliche Leute doppelt versendet. Da diese Leute den Konsensus erschaffen, können sie zuerst die eine und dann die andere Transaktion als »Realität« erscheinen lassen. Drittens könnten sie, falls die Hashing-Power bedeutend größer als 51 % ist, sogar die Transaktions-Historie der Blockchain ändern. Da sie jeden einzelnen alten Block noch einmal neu und gleichzeitig auch die aktuellen neuen Blöcke minen müssten, wäre dies zwar möglich, doch mit einem unglaublichen Aufwand verbunden.

Eine 51-%-Attacke ist höchst unwahrscheinlich und meistens nicht wirtschaftlich, auch wenn dies auf den ersten Blick anders erscheinen mag. Der nächste Angriff, ist ebenfalls sehr theoretisch und kommt heutzutage praktisch nicht mehr vor: die Sybil-Attacke.

WAS IST EINE SYBIL-ATTACKE?

Eine Sybil-Attacke bedeutet, dass der Angreifer die Teilnehmer am Konsensus zu einem sehr niedrigen oder sogar kostenlosen Preis »erstellt«, um so den Konsensus-Algorithmus im eigenen Interesse zu beeinflussen. Diese gefälschten Teilnehmer »stimmen« dann in seinem Sinne für den Angreifer ab. Der Grund, warum Mining nicht kostenlos sein kann, ist genau dieser Angriff. Die Kosten, um solche gefälschten Teilnehmer zu erstellen, sind deutlich höher als der theoretische Gewinn, da alle legitimen Blockchains »Kosten« für die Teilnahme am Konsensus haben (Mining). Es ist daher schwierig und unrentabel, einen solchen Angriff durchzuführen.

Bei allen Attacken und Forks gilt: Je mehr Menschen an einer Blockchain teilnehmen, desto stabiler wird sie und desto unwahrscheinlicher beziehungsweise kostspieliger werden Attacken und Forks. Das führt zur folgenden Frage: Wenn all diese Angriffe und Hacks nicht so relevant sind, was könnte dann eine Blockchain zerstören?

KAPITEL 8 – KANN MAN EINE BLOCKCHAIN ZERSTÖREN?

Lass uns ein paar potenzielle Angriffspunkte einer Blockchain diskutieren, und überlegen, ob und wie sich diese potentiell zerstörerisch auf eine Blockchain auswirken würden.

QUANTENCOMPUTER

Eine Blockchain bezieht ihr Vertrauen aus der Kryptographie. Wenn diese Kryptographie fehlschlägt, wird es auch kein Vertrauen in diese neue Technologie geben. Leute nennen das »eine Blockchain hacken«. Wenn wir heute von einem Blockchain-Hack in der Presse hören, so bedeutet das lediglich, dass ein Private Key gestohlen oder eine Datenbank gehackt wurde, nicht aber die Blockchain selbst. Quantencomputer, die die Kryptographie-Algorithmen rückrechnen können, wodurch ein Private Key von der Public Address abgeleitet werden kann und jeglicher Schutz verloren geht, könnten tatsächlich eine Blockchain hacken. Während dies zwar in der Theorie denkbar ist, so sieht die Praxis anders aus. Es werden heute bereits quantencomputerresistente Kryptographien verwendet, die auch in die Blockchains von Bitcoin oder Ethereum implementiert werden könnten. Außerdem hätten dann nicht nur Blockchains ein Problem, sondern das gesamte Internet, das ja ebenfalls größtenteils auf Kryptographie aufbaut. Für den Fall, dass bekannt werden würde, dass ein Computer den Code »brechen« könnte, würde es zunächst zu einem scharfen Vertrauens- und Preiseinbruch kommen, gefolgt von einer Anpassung des Protokolls zur Wiederherstellung der Blockchain und einem starken Preisanstieg, da das Vertrauen wiederhergestellt sein würde. Eine echte Zerstörung einer Blockchain ist auf diese Weise nicht wirklich möglich.

REGULIERUNG / VERBOTE

Die zweite Gefahr, die bei Kryptowährungen immer wieder erwähnt wird, ist, dass Länder oder Regierungen Kryptowährungen regulieren oder sogar verbieten. Das Argument ist plausibel: Da dezentrale Kryptowährungen eine Gefahr für zentralisierte Währungen der einzelnen Länder darstellen, sollten Banken und Aufsichtsbehörden ein Interesse daran haben, Kryptowährungen zu unterdrücken. Diese Argumentation beruht allerdings auf einer drastischen Fehlannahme: Regierungen LIEBEN Kryptowährungen ... solange sie diese einigermaßen kontrollieren können. Warum? Überlege einmal, was eine Blockchain als transparente Transaktionsübersicht einer Regierung erlauben würde: Wenn man erst einmal weiß, wer die Kontoinhaber sind, kann man mit einem Klick alle Einnahmen, Ausgaben, Steuern usw. verfolgen. Ein wahres Regierungsparadies! Ich weiß deshalb aus erster Hand, dass viele Zentralbanken genau aus diesem Grund selbst an Kryptowährungen arbeiten und diese nicht verbieten wollen. Persönlich habe ich nichts dagegen, dass sie es tun, solange die Leute den Unterschied zwischen einer öffentlichen Kryptowährung wie Bitcoin und einer kontrollierten Kryptowährung kennen, wie sie von einem Land geschaffen wird.

Warum stoppen die Länder dann nicht einfach nur die öffentlichen Kryptowährungen und bieten nur mehr eigene an? Die Länder wissen, dass ein digitales, auf Open Source beruhendes und dezentrales System nicht wirklich gestoppt werden kann. Wie sollte das auch funktionieren? Bitcoin zum Beispiel ist KEINE Firma. Es gibt nichts zu schließen. Kryptowährungs-Anwendungen für ungültig erklären? Das ist nicht möglich, weil sie auf Open Source beruhen. Unternehmen für illegal erklären? Das würde nur bei Exchanges funktionieren, aber selbst diese werden immer mehr dezentralisiert. Mining für illegal erklären? Wie sollte das jemand überprüfen? Wenn ein Land wirklich versucht, öffentliche Blockchains zu blockieren, dann wären die Folgen ein schlechter Ruf für ihre eigene Blockchain und die Menge an illegaler Nutzung der öffentlichen Blockchain durch diejenigen, die sich nicht um das Gesetz kümmern. Kein wünschenswertes Ergebnis!

Regulierungen oder Verbote können also auch nicht zu einer Zerstörung einer Blockchain führen, aber nachdem Blockchains Kommunikationsmedien benötigen, warum also nicht einfach das Internet herunterfahren, um sie zu stoppen?

ABSCHALTEN / ZENSUR DES INTERNETS

Ohne das Internet könnten die Leute keine dezentrale Kommunikation führen. Ist es also eine Gefahr für Blockchains, dass jemand das Internet abstellt oder zensiert, um eine Blockchain zwar nicht direkt zu zerstören, jedoch zu stoppen? Abgesehen von der Tatsache, dass es unmöglich ist, das Internet als das größte dezentrale System überhaupt herunterzufahren, überleg dir einmal, wie viele Anwendungen, die für den täglichen Gebrauch lebenswichtig sind, auf das Internet angewiesen sind. Selbst wenn es der Regierung gelänge, gewisse Zugänge zu zensieren, könnten die Open-Source-Apps sofort auf alternative Ports ausweichen. Zudem würden sogenannte Mesh-Netzwerke auftauchen. Mesh-Netzwerke sind wahre Peer-to-Peer-Netzwerke, bei denen die Leute Informationen über andere Personen anstatt über Server und Router senden. Das Internet ist nichts anderes als ein Netzwerk für Informationen. Das Abschalten dieses Netzwerks würde bedeuten, Zugänge zu den Routern und Servern zu entfernen. Wenn die

Leute nun jedoch die Informationen direkt übertragen, würden diese Zugänge gar nicht gebraucht. Zum Beispiel versuchen manche Länder, während Protesten, die Aktivitäten von Protestierenden dadurch zu unterdrücken, dass sie den Internetzugang der Menschen kappen. Menschen bauen dann aber rasch ein Mesh-Netzwerk über Bluetooth und direkte drahtlose Verbindungen miteinander auf, und binnen ein paar Tagen sind zumindest Basisfunktionen wie der Nachrichtenversand wiederhergestellt. Genau dasselbe würde bei einer Kryptowährung auch passieren, und um noch einen Schritt weiterzugehen: Eine Gruppe in Bitcoin denkt tatsächlich darüber nach, spezielle Satelliten in den Weltraum zu schicken, um die Unabhängigkeit und Nachhaltigkeit von Bitcoin sicherzustellen. Das Internet herunterzufahren, um eine Blockchain zu zerstören, wäre daher nicht wirklich zielführend.

Ein Einwand von Kritikern einer Blockchain war auch eine der ersten E-Mail-Antworten, die Satoshi 2008 zu seinem Bitcoin-Whitepaper bekam: »Die Speicherung aller Daten einer Blockchain wird viel zu viel Speicherplatz verbrauchen und kann sich so niemals durchsetzen!«

BLOCKCHAIN-GRÖSSE

Wir haben diesen Einwand bereits im Mining behandelt, aber wir wollen ihn noch einmal aufgreifen. Im Jahr 2017 ist die Bitcoin-Blockchain fast 200 Gigabyte groß und fügt alle zehn Minuten 1 neues Megabyte hinzu. Ethereum ist noch größer, weil es aufgrund der erhöhten Datenmenge noch schneller wächst. Abgesehen davon, dass es immer bessere Datenkomprimierungen wie zum Beispiel SPV gibt, wie kann man diesem Einwand also widersprechen?

Erstens steigen Transaktionsgeschwindigkeiten und Speicherungsmöglichkeiten exponentiell. Vor zwanzig Jahren hatte eine Diskette lediglich 1 MB Platz. Vor zehn Jahren haben wir mit der Berechnung in Gigabytes begonnen und heute verfügen die meisten Festplatten über Terabytes an Speicherplatz. Dies sind alles tausendfache Verbesserungen innerhalb von jeweils zehn Jahren. Wenn man sich die Geschwindigkeit des Internets anschaut, sieht man ein ähnliches Muster: Vor zwanzig Jahren galt ein 64K-Modem, das einige Kilobyte pro Sekunde erledigen konnte, als großartig. Vor zehn Jahren wurde mit dem Aufkommen von Breitband das Streaming mit einigen Megabytes pro Sekunde möglich. Heute können wir Transaktionen mit einer Geschwindigkeit von fast 1 Gigabyte pro Sekunde durchführen, was der gleichen tausendfachen Verbesserung wie bei den Speicherkapazitäten entspricht. Wenn beide nur mit einem Bruchteil dieser Geschwindigkeit weiter ansteigen, wonach es derzeit ohne Weiteres aussieht, werden wir in nächster Zeit keine signifikanten Blockchain-Größenprobleme bekommen. Es ist eine exponentielle Technologie, die mit dem linearen Wachstum einer Blockchain problemlos Schritt hält.

Zweitens gibt es immer mehr Lösungen in Form eines »regionaleren« Ansatzes, bei dem Nodes nicht die gesamte Blockchain speichern müssen, sondern nur die Informationen der »umliegenden Nachbarn«. Es gibt Systeme, die auf einem solchen Peer-to-Peer-Modell aufbauen und die Notwendigkeit, alle Daten zu speichern, und die damit verbundenen Probleme wie Größe und Wachstum einer Blockchain eliminieren würden.

Wenn also keines der genannten Dinge eine Blockchain zerstören könnte, was wäre dann ein tatsächliches Problem? Die Antwort könnte dich überraschen, denn es handelt sich um das gleiche, was die Notwendigkeit einer Blockchain überhaupt erst geschaffen hat: ein zentralisiertes System.

ZENTRALISIERUNG

Blockchain-Technologie hat hauptsächlich dadurch ihre Daseinsberechtigung, dass wir einem zentralisierten System nicht trauen. Wenn jedoch in einem zentralisierten System tatsächlich volles Vertrauen herrschen würde, wären Blockchains, einschließlich ihrer Anwendungen wie Kryptowährungen, nicht mehr notwendig. Ein dezentralisiertes System bringt Kosten, eine teilweise verringerte Geschwindigkeit, mangelndes Verantwortungsbewusstsein und Starrheit mit sich – alles Dinge, für die wir gern Kompromisse eingehen wollen, da eine Blockchain der Gemeinschaft ermöglicht, die Kontrolle zu behalten, ohne jemand anderem vertrauen zu müssen.

Was eine Blockchain töten könnte, ist das volle Vertrauen einer Gemeinschaft in eine zentralisierte Macht.

Aber wie wahrscheinlich ist es, einen wohlwollenden Diktator zu haben, der die vollständige Kontrolle und trotzdem das ganze Vertrauen hat? Persönlich sehe ich niemanden oder nichts, der/das in naher Zukunft beide Gegensätze in sich vereint. Auch wenn dies der Blockchain-Killer wäre, bin ich davon überzeugt, dass Blockchains und ihre Anwendungen einen ebenfalls so großen Platz in der Gesellschaft haben werden wie das Internet. Auch wenn Dezentralisierung hervorragend ist, gehöre ich NICHT zu der Gruppe von Menschen, die glauben, dass sie der einzige Weg nach vorne ist. Der Grund, warum ich Blockchains, Dezentralisierung und Kryptowährungen liebe, ist, dass sie Leuten eine Wahl geben. Man kann weiter die zentralisierten Services nutzen, aber man muss dies nicht tun. Einige zentralisierte Organisationen werden genau das erkennen und verstehen, dass sie, wenn sie eine Daseinsberechtigung haben wollen, ihren Nutzern das Beste aus beiden Welten bieten müssen.

Dezentralisierung ist der dringend benötigte Gegenspieler der Zentralisierung.

Wir haben Begriffe wie Privatsphäre, Anonymität und Transparenz in diesem und in den Kapiteln zuvor bereits angerissen, und im nächsten Kapitel werden wir uns ansehen, was sie eigentlich bedeuten und wie »privat« Kryptowährungen wirklich sind.

KAPITEL 9 – PRIVATSPHÄRE, ANONYMITÄT UND TRANSPARENZ

Wir haben uns schon in einem früheren Kapital gefragt, ob Kryptowährungen eine gute Möglichkeit sind, Geld zu waschen, illegale Dinge zu tun oder Steuern zu vermeiden. In den Medien oder am Stammtisch geht oft das Gerücht um, dass Kryptowährungen so privat, anonym und intransparent sind, dass niemand weiß, was unter der Haube passiert. Schauen wir uns an, was Fakt und was Fiktion ist. Doch dazu müssen wir zuerst einige grundlegende Begriffe definieren.

WAS IST PRIVATSPHÄRE?

Privatsphäre ist die Fähigkeit einer Person oder Gruppe, sich selbst oder Informationen über sich selbst zu verstecken und sich dadurch so auszudrücken, wie sie das will (https://en.wikipedia.org/wiki/Anonymität). Wenn es um Geld geht, sind zwei Komponenten der Privatsphäre besonders wichtig: Anonymität und Transparenz. Dies ist die mathematische Formel dazu:

$$P = A / T$$

Privatsphäre ist am höchsten, wenn die Anonymität am höchsten und die Transparenz am niedrigsten ist.

WAS IST ANONYMITÄT?

Anonymität beziehungsweise das Adjektiv »anonym« leiten sich aus dem griechischen Wort ἀνωνυμία, anonymia, ab und bedeutet »ohne einen Namen« oder »Namenlosigkeit« (https://en.wikipedia.org/wiki/Anonymity). Im Falle von Geld bedeutet Anonymität, dass niemand weiß, wer sich hinter einer Kryptowährungs-Adresse verbirgt. Da eine Blockchain nicht zwischen Alter, Rasse, Herkunft, Geschlecht oder Bildung unterscheidet, scheint es bei Kryptowährungen vorerst eine hundertprozentige Anonymität in Bezug darauf zu geben, wer oder was einen zufälligen Private Key generiert hat. Aufgrund der Anonymität wäre deshalb die Privatsphäre zu 100 % gegeben.

WAS IST KYC, KYB, AML UND CTF?

Nicht zu wissen, wer wer ist, wäre ein regelrechter Albtraum für eine Regierung. Deshalb fordern zentrale Behörden im Falle von Kryptowährungen Exchanges dazu auf, Anti- Geldwäsche (AML), Terrorismusbekämpfung (CFT) und Kundendaten (KYC oder KYB) zu kontrollieren. Deshalb musst du bei den meisten Services deinen Pass und einen Adressnachweis hochladen. Abgesehen davon, dass die Anonymität durch Exchanges dramatisch sinkt, gibt es noch die zweite Komponente der Privatsphäre, welche das Gleichgewicht komplett verschiebt: Transparenz.

WAS IST TRANSPARENZ?

Transparenz, nicht in der Definition von Lichtdurchlässigkeit, sondern in dem Sinne einer Verwendung in der Wirtschaft, in den Geisteswissenschaften und in anderen sozialen Kontexten, impliziert Offenheit,

Kommunikation und Verantwortlichkeit. Transparenz bedeutet, dass andere leicht erkennen können, welche Aktionen ausgeführt werden. Für Geld bedeutet dies, dass die Wege der Geldflüsse bekannt sind – und das ist der Punkt, in dem die meisten Blockchains sogar über die gesamte Geschichte hinweg zu 100 % transparent sind. Es gibt einige neuere Technologien wie Zero-Knowledge-Proofs und Ringsignaturen, auf die wir in einem späteren Kapitel eingehen werden, die die Transparenz verringern, doch derzeit kann man davon ausgehen, dass eine Blockchain absolut transparent ist. Auf die Formel von zuvor bezogen, führt das zu einem interessanten Gleichgewicht: Was bedeutet es für die Privatsphäre, wenn sowohl die Anonymität als auch die Transparenz bei einer Kryptowährung praktisch unendlich hoch sind? Da dies einen interessanten Effekt auf die Privatsphäre erzeugt, nennen die Leute Kryptowährungen pseudo-anonym.

WAS BEDEUTET PSEUDO-ANONYM?

Pseudo-anonym bedeutet, dass ein Computer aufgrund der hohen Transparenz (dessen, was passiert) und trotz zunächst scheinbar hoher Anonymität Transaktionen rückrechnen, die fehlende Information zu einer Identität zusammensetzen und somit die Anonymität reduzieren könnte. Das würde genügen, selbst wenn die eigentliche Identität nie zum Vorschein kommt, um herauszufinden, welche Person hinter welchem Nutzer steckt und wer zum Beispiel ein bestimmtes Finanzverbrechen begangen hat. Dies hat bisher nicht nur theoretisch funktioniert, sondern wurde bereits mehrmals von Regierungen angewendet.

EIGNEN SICH KRYPTOWÄHRUNGEN FÜR ILLEGALE AKTIVITÄTEN?

Leute glauben, dass Kryptowährungen für illegale Aktivitäten besser geeignet sind als normales Fiat-Geld. Am meisten Privatsphäre bietet jedoch bares Geld: Niemand weiß, wem es gehört und an wen es weitergegeben wird. Deswegen wollen die Regierungen das Bargeld loswerden. Steuerhinterziehung und andere Verbrechen könnten dadurch buchstäblich auf Knopfdruck aufgedeckt werden. Genau das hat sich im Falle von Ross Ulbricht 2015 gezeigt, der wegen Geldwäsche und Drogenhandel mit Kryptowährungen zu lebenslanger Haft verurteilt wurde (https://de.wikipedia.org/wiki/Ross_Ulbricht). Dieses Verbrechen mit Fiat-Geld aufzudecken, wäre um ein Vielfaches schwieriger gewesen, bei Kryptowährungen hatten die Ermittler über die Blockchain jedoch Zugriff auf seine gesamte Transaktions-Historie. Als dann ein paar Male die Anonymität bei einigen Transaktionen litt, war es nicht nur ein Leichtes, seine Identität herauszufinden, sondern zugleich ließ sich sogar noch nachweisen, dass er illegale Tätigkeiten durchgeführt hatte. Bei Fiat-Geld wäre dies deutlich komplizierter gewesen. Auf diese Weise zeigte sich einmal mehr, dass Kryptowährungen NICHT für illegale Aktivitäten geeignet sind, auch wenn der Unwissende dies glauben mag.

DIE WAAGE ZWISCHEN INTIMITÄT UND GEHEIMNISTUEREI

Ich möchte hier einen wichtigen persönlichen Zusatz hinzufügen: Während ich absolut dagegen bin, irgendwelche Verbrechen zu begehen, bin ich dennoch für ein gewisses Maß an Privatsphäre, was die meisten Menschen in ihrem Leben haben wollen und sollen. Menschen sollten in der Lage sein, in einem Krankenhaus zu bezahlen, ohne dass der gesamte Rest der Welt dies weiß. Offensichtlich gibt es einen schmalen Grat zwischen legitimer Privatsphäre und nicht angebrachter »Geheimnistuerei« (einem Zustand, der oft mit bösartigem Verhalten verbunden ist). Das macht die Frage nach der Privatsphäre so schwierig. Wann ist zu viel und wann ist zu wenig davon vorhanden? Genau diese Frage stellen sich nicht nur Regierungen, sondern auch die Blockchain-Entwickler selbst, denn es gibt Kryptowährungen, die komplett privat sind, wie du gleich erfahren wirst.

KAPITEL 10 – ALTCOINS UND BITCOIN

Wir haben nun so ziemlich alle Grundlagen zu Blockchains und Kryptowährungen behandelt. Kommen wir nun zu einer Übersicht über die unterschiedlichen Coins und zu deren Anwendungen.

WAS SIND ALTCOINS?

Altcoins sind historisch als »jede andere Kryptowährung außer Bitcoin« definiert.

Altcoins (= alternative Coins) sind einfach unterschiedliche Blockchains mit neuen Regelwerken, auf die sich die teilnehmenden Communitys geeinigt haben. Wenn du von einem neuen Coin oder einer neuen Blockchain hörst, die wie Unkraut aus dem Boden sprießen, solltest du unbedingt zuerst prüfen, ob der jeweilige Coin legitim ist oder nicht. Eine Liste der meisten legitimen Kryptowährungen findest du auf www.coinmarketcap.com, doch auch hier schleichen sich hin und wieder Abzockersysteme ein. Genau deshalb musst du zu jedem Coin eine Recherche tätigen. Das gilt auch für diejenigen Coins, die von mir hier beschrieben werden.

WIE ERKENNT MAN SCAMS, ABZOCKEN UND BETRÜGEREIEN?

Es gibt keine einfache Anleitung, der du einfach nur folgen musst, um zu wissen, was ein Scam (zu Deutsch: Betrug) ist und was legitim. Ich werde jedoch versuchen, dir sieben Grundsätze zu geben, anhand derer du zumindest grob abschätzen kannst, ob eine Kryptowährung seriös ist oder nicht:

1. Wenn eine Kryptowährung **garantierte Renditen** verspricht, die deutlich höher als bei traditionellen Anlagen wie Immobilien oder Aktien (5 bis 7 % pro Jahr) sind, deutet das auf einen Betrug hin. Niemand kann Renditen von mehr als ein paar Prozent pro Jahr versprechen. Sie sind möglich, aber definitiv nicht garantiert.

2. Wenn eine Kryptowährung **nicht Open Source** ist, was bedeutet, dass sie keine öffentliche Blockchain mit einer Transaktions-Historie hat, deutet dies auf einen Betrug hin.

3. Wenn eine Kryptowährung **hauptsächlich premined** ist und der Besitzer den Großteil der Währung (weit über 50 %) behält, könnte dies ein Betrug sein. Es gibt ein paar Ausnahmen, aber im Allgemeinen solltest du vorsichtig sein. Denn dann kann der Kreierer dieser Währung durch den Eigenbesitz den Preis manipulieren. Ohnehin sollte es stutzig machen, dass besagter Kreierer oft gar nicht bekannt ist.

4. Wenn eine Kryptowährung oder Mining über ein Network-Marketing-Modell als »**Geschäftsmöglichkeit**« vermarktet wird, handelt es sich höchstwahrscheinlich um einen Betrug. Es gibt legitime Network-Marketing-Modelle, doch diese fokussieren sich NICHT allein auf die Vermarktung, sondern auf das eigentliche Produkt. Zum Beispiel haben viele Firmen ein legitimes Affiliate-System, bei dem man 5 bis 10 % von jedem Kunden erhält, der über einen speziellen Link ein Produkt bezieht. Dies erhält

man als Dankeschön für die Werbung und ist ein gängiges Geschäftsmodell vieler YouTuber und Social-Media-Influencer. Von Firmen oder Kryptowährungen, die sich mehr auf die Rekrutierung von Anhängern konzentrieren als auf das Produkt oder die Dienstleistung, sollte man eher Abstand halten.

5. **Cloud-Mining-Möglichkeiten** sind meistens Scams. Das liegt an den dünnen Margen und am harten Wettbewerb in diesem Bereich, welche maximal ein paar Prozent an Gewinnen pro Jahr zulassen. Meistens zahlen diese Cloud-Mining-Unternehmen daher keine Mining-Gewinne aus, sondern leiten die Investitionen neugewonnener Investoren in einem Schneeballsystem an andere weiter, bis das System früher oder später kollabiert.

6. Wenn eine Kryptowährung **keinen wirklichen Wert** erzeugt, sondern nur existiert, um zu existieren, handelt es sich oft um einen Betrug. Leider gilt dies für viele Kryptowährungen. Wenngleich einige von ihnen derzeit einen steigenden Preis verzeichnen, werden sie früher oder später implodieren.

7. Wie bei Kryptowährungen sind auch die **meisten Initial Coin Offerings (ICOs)** Betrügereien. Die meisten Unternehmen, die eine ICO durchführen, sind jedoch Startups ohne Team, ohne Produkt und ohne Kunden. Sei also besonders vorsichtig, wenn du in eine ICO investierst.

Es gibt immer Ausnahmen zu diesen sieben Grundsätzen, doch meistens stimmen sie haargenau. Die Urheber der Scams streiten dies natürlich immer ab und verweisen auf irgendwelche fadenscheinigen Argumente. Zudem kannst du natürlich hin und wieder auch bei einem Betrug Geld verdienen, aber aus moralischer und wirtschaftlicher Sicht kann ich dir nur dringlichst davon abraten: »Wenn es fischig riecht und fischig aussieht ..., dann ist es wahrscheinlich ein Fisch!«

Wenn du diese Regeln auf Fiat-Währungen, wie Euro, CHF usw. anwendest, wirst du feststellen, dass sie alle unter die Kategorie »Betrug«

fallen. Der einzige Grund, warum sie nicht angeklagt werden, besteht darin, dass wir dem Herausgeber vertrauen – ob dies nun klug ist oder nicht, steht definitiv zur Debatte.

WAS SIND GUTE INFORMATIONSQUELLEN IM BLOCKCHAINBEREICH?

In einem Ökosystem wie dem der Kryptowährungen, das sich so rasant entwickelt, ist eine gute Quelle für legitime Informationen unerlässlich. Die Herausforderung besteht darin, dass es mehr schlechte Quellen gibt als gute. Zudem sind die meisten guten Quellen auf Englisch verfasst oder aufgezeichnet. Man sollte also sehr selektiv vorgehen. Hier ist eine Liste von Quellen, welche ich empfehlen kann:

- YouTube: https://www.youtube.com/julianhosp
- Podcast: www.julianhosp.com/podcast
- Blog: https://steemit.com/@julianhosp
- Facebook Gruppe: www.facebook.com/groups/ kryptoganzeinfach
- Coin-Liste und ICO-Übersicht: http://www.coinmarketcap.com https://www.smithandcrown.com/icos/
- Auf Englisch: https://www.reddit.com/r/Bitcoin/ https://www.reddit.com/r/ethereum/ https://www.reddit.com/r/ethtrader/ https://www.reddit.com/r/cryptocurrencies
- Auf Deutsch: https://www.reddit.com/r/cryptofit

Immer, wenn du über eine neue Quelle stolperst, frage dich, was die wirtschaftlichen Anreize für die Person oder Firma sind, dir die gebotenen Informationen bereitzustellen. Denn denk daran, dass niemand den Ast absägen wird, auf dem er sitzt – ganz im Gegenteil. Viel zu oft haben Leute ihre eigene Agenda, ohne dass man dies auf den ersten Blick erkennt. Hier hilft es nur, sich eine gute Gruppe zu suchen, der man vertraut.

WAS IST EINE MASTERMIND-GRUPPE?

Eine Mastermind-Gruppe ist eine Gruppe von Leuten, in der man sich selbst auf den neuesten Stand bringt und sich gegenseitig gute Tipps gibt beziehungsweise in der man darauf achtet, dass niemand in eine Abzockfalle tappt. Mich in einer Mastermind-Gruppe mit Gleichgesinnten zusammenzuschließen, war eines der bahnbrechendsten Dinge, die ich für mich selbst getan habe. Der Austausch mit anderen Gruppenmitgliedern hat mir seither eine mehr als hundertfache Rendite auf einige meiner Krypto-Investitionen gebracht. Such bei Google nach »Julian Hosp Cryptofit Gruppe«, wenn du dir ansehen möchtest, was wir für unsere Community geschaffen haben, beziehungsweise wenn du auch daran teilhaben möchtest.

Bevor ich dir einen Überblick über einige der Kryptowährungen gebe, die ich persönlich für interessant halte, lies bitte folgende WARNUNG: Bitte sei dir bewusst, dass ich in meiner persönlichen Wahrnehmung völlig falsch liegen kann. Die Erwähnung einer Kryptowährung in der folgenden Liste ist keineswegs als Anlageberatung oder Investitionsempfehlung zu verstehen! Wenn du dein hart verdientes Geld investierst, erledige immer die Due Diligence. Beachte außerdem, dass diese Auflistung Ende 2017 erstellt wurde und sich Dinge auf den Kopf gestellt haben können, wenn du dies liest.

Starten wir mit Bitcoin, der Mutter aller Kryptowährungen.

BITCOIN (CORE) BTC

Wir haben schon sehr viel über Bitcoin gesprochen und ich habe noch mehr in Blogbeiträgen darüber geschrieben oder in Videos erklärt. Gib einfach »Julian Hosp Bitcoin« in Google ein, und du findest unglaublich viel Content zum »digitalen Gold«. Da Bitcoin in seiner Geschichte mehrfach geforked wurde, spreche ich hier von der Main Chain (zu Deutsch: der Hauptkette), die auch Bitcoin Core (abgekürzt BTC) genannt wird und von Satoshi 2008 beschrieben worden ist.

BTC wurde 2008 von Satoshi in seinem berühmten Bitcoin Whitepaper definiert, und der erste Block wurde am 3. Januar 2009 von ihm selbst gemined. Die erste Bitcoin-Transaktion ging neun Tage später vonstatten, am 12. Januar 2009, als Satoshi zehn bitcoins an einen Herrn namens Hal Finney schickte. Damals waren diese bitcoins natürlich nichts wert, doch heute wären das fast hunderttausend Euro. Der erste getätigte Kauf mit bitcoins war der von »Laszlo« am 22. Mai 2010. Er kaufte zwei Pizzen im Wert von 20 Euro (25 US-Dollar) für 10 000 bitcoins. Im Jahr 2017 wären dies fast 100 Millionen Euro gewesen – die wohl teuerste Pizza der Welt.

Ich selbst habe 2011 von Bitcoin erfahren, als der Kurs zum ersten Mal 1 Euro erreichte. Ich erkannte jedoch das Potenzial noch nicht und sah das System eher als Betrug an. Der Bitcoinkurs schoss 2013 auf über 1 000 Euro, kurz bevor die damals größte Exchange namens MtGox verkündete, dass sie gehackt wurde, worauf der Preis binnen eines Jahres um 80 % auf 200 Euro fiel. Ich kaufte meine ersten bitcoins 2014 genau zu dieser Zeit für 800 Euro und verkaufte panisch zum Preis von 400 Euro. Als der Bitcoin-Trend 2015 wieder ins Positive drehte, lernte ich aus meinem Fehler des kurzfristigen Denkens und begann, regelmäßig bitcoins zu kaufen. Bitcoin genießt eine immer größer werdende Popularität, und der Preis ist seit dem Tief 2014 bis 2017 um das Vierzigfache gestiegen.

Bitcoin verwendet einen Proof-of-Work-Algorithmus, bei dem der Reward an den Miner vergeben wird, der einen neuen Block findet. Ursprünglich waren das 50 bitcoins pro Block, aber alle 210 000 Blöcke beziehungsweise etwa alle vier Jahre halbiert sich diese Vergütung, was als Halving (zu Deutsch: Halbierung) bezeichnet wird. Das erste Halving von 50 auf 25 bitcoins erfolgte am 28. November 2012 und das danach von 25 auf 12,5 bitcoins fand am 9. Juli 2016 statt. Das nächste Halving von 12,5 auf 6,25 bitcoins pro Block wird voraussichtlich Anfang Juni 2020 stattfinden. Nach 64 Halving-Vorgängen in ca. 120 Jahren wird der Reward dann 1 Satoshi pro Block erreichen. Danach kann es nicht mehr halbiert werden und die Gesamtzahl der bitcoins wird sich bei knapp 21 Millionen einfinden. Da die Bitcoin-Ausschüttung exponentiell abnimmt, sind 2017 nach nur neun Jahren bereits Dreiviertel beziehungsweise fast 17 Millionen bitcoins im Umlauf.

Bitcoin hat die größte Community, die größte Akzeptanz, die größte Marktkapitalisierung und am meisten Preisstabilität. Das Bitcoin-Core-Team fokussiert sich stark auf Stabilität anstatt auf Innovation, was wiederkehrende Kritik beflügelt. Auch wenn es regelmäßige Verbesserungsvorschläge in Form von BIPs (Bitcoin Improvement Proposals) gibt, so werden alle, die einen extremen oder zu innovativen Ansatz verfolgen, von den Developern (zu Deutsch: den Programmierern) ziemlich schnell abgelehnt. Das macht es zwar schwierig, neue Konzepte auszuprobieren. Bitcoin geht jedoch vielmehr den Weg, sich als »digitales Gold« zu behaupten. Wie bereits erwähnt, ist geplant, Bitcoin-Satelliten in den Weltraum zu schicken, um Internet für Bitcoin speziell für den Fall bereitzustellen, dass Regierungen damit beginnen sollten, das Internet für Kryptowährungen zu zensieren. Selbst wenn die Apokalypse nahen sollte, will Bitcoin stabil bleiben. Genau dies war die Vision von Satoshi Nakamoto.

WER IST SATOSHI NAKAMOTO UND WIE VIELE BTC BESITZT ER?

Niemand weiß, wer Satoshi ist, und die wildesten Theorien ranken sich um seine Identität. Da ein Teil des Codes und der E-Mail-Texte so aussehen, als wären sie von verschiedenen Personen geschrieben worden, sind sich viele in der Bitcoin-Community einig, dass es sich wahrscheinlich um eine Gruppe von Personen handelt, die diesen Namen als Pseudonym verwendet haben. Einige Leute wurden verdächtigt, Satoshi zu sein, doch alle entsprechenden Annahmen wurden widerlegt. Es gibt sogar Verschwörungstheorien, wonach der US-Geheimdienst NSA selbst Bitcoin erschaffen hat, um die Menschen durch dieses neue Geld zu manipulieren.

Es wäre ein Leichtes für jemanden, zu beweisen, dass er/sie/es Satoshi ist. In den ersten Tagen oder vielleicht sogar Wochen hat wohl nur Satoshi Mining betrieben und damit all die Rewards erhalten. Es gab einfach niemand anderen. Berechnungen haben ergeben, dass es sich um 1 bis 2 Millionen bitcoins handelt, die, über Wallets verteilt, mehrere Milliarden US-Dollar wert sind. Um die Identität zu beweisen, müsste Satoshi nur einen dieser bitcoins verschicken, um zu bestätigen, dass er/sie/es es wirklich ist. Die Adressen mit Satoshis Coins werden von der gesamten Bitcoin Community sehr sorgfältig beobachtet, denn sollte sich jemals einer der Coins bewegen, würde die »Bitcoin-Hölle auf Erden« ausbrechen. Es würde sich in diesem Moment einfach zu viel kurzfristige Ungewissheit ausbreiten, auch wenn sich danach der Preis ziemlich sicher wieder erholen würde.

Aus diesem Grund wird es für Satoshi ziemlich schwierig sein, jemals sein Vermögen einzulösen. Die meisten Leute gehen jedoch davon aus, dass die Private Keys dieser Bitcoins und damit der Zugang zu diesen Bitcoins verloren gegangen sind. Eine solche Annahme ist nicht allzu weit hergeholt, wenn man bedenkt, dass zu Beginn des Jahres 2009 1 bitcoin buchstäblich nichts wert gewesen ist. Es dauerte ein bis zwei Jahre, bis 1 bitcoin zum ersten Mal einen Cent wert war – sonst hätte Laszlo 2010 die 20 Euro Pizza nicht mit 10 000 bitcoins bezahlt. Hättest du all die verschiedenen, damals wertlosen Private Keys aufgeschrieben und sicher aufbewahrt? Vielleicht, aber wahrscheinlich nicht. In Satoshis Fall werden wir es wahrscheinlich nie erfahren.

GIBT ES IRGENDEINE VERLÄSSLICHE BITCOIN-PREISVORHERSAGE?

Prognosen sind schwierig, besonders wenn sie die Zukunft betreffen, sagte schon Mark Twain. Anstatt deshalb eine Vorhersage zu treffen, erkläre ich, woher Preisvorhersagen von 500 000 bis 1 000 000 Euro pro bitcoin kommen. Wenn wir Bitcoin mit Gold vergleichen und davon ausgehen, dass Bitcoin eine ähnliche Marktkapitalisierung erreichen wird wie Gold heute, dann würde die Gesamtobergrenze von Bitcoin irgendwann 7 Billionen Euro erreichen. Das sind 7 000 Milliarden. Ende 2017 beläuft sich der Wert von Bitcoin mit ca. 140 Milliarden auf rund 2 % davon. Daher ist ein 50-facher Preis von dem, was der Bitcoin heute wert ist (etwa 8 000 Euro pro bitcoin) absolut möglich. Dies würde 1 bitcoin nahe einer halben Million Euro bringen. Es gibt jedoch einen zusätzlichen Faktor, der den Preis massiv beeinflusst: verlorene Private Keys und dadurch eine limitierte Menge an verfügbaren bitcoins. Man kann davon ausgehen, dass der Zugriff auf etwa ein Viertel oder vielleicht sogar die Hälfte aller bitcoins bereits verloren ist oder irgendwann verloren gehen wird. Das würde den Wert von 1 bitcoin in den Bereich von 0,5 bis 1 Million Euro bringen. Bei der Rate, mit der Bitcoin in den letzten Jahren gewachsen ist, würde es ca. sieben bis zehn Jahre, also bis ca. 2025, dauern, um diese Bewertung zu erreichen. Ob das passiert oder nicht, weiß bis dahin niemand, und Bitcoin kann natürlich auch gegen Null gehen. Dies ist also definitiv NICHT eine Anlageempfehlung. Falls du jedoch Bitcoin kaufen willst, so suche auf einer Exchange nach dem Ticker-Symbol BTC.

WAS IST EIN TICKER-SYMBOL?

Ticker-Symbole wie zum Beispiel BTC werden, ähnlich wie bei Aktien, bei Exchanges dafür verwendet, Kryptowährungen eindeutig zu identifizieren. Sie sind deshalb wichtig, unterschiedliche Kryptowährungen, die vielleicht sogar recht ähnliche Namen haben, sicher zu unterscheiden.

WAS SIND FORKS VON BITCOIN?

Wie bereits im Kapitel über Forks beschrieben, versuchen Leute regelmäßig, ihre eigenen Versionen einer Kryptowährung zu erstellen. Anstatt den ganzen Code neu zu schreiben, können sie einen bestehenden einfach forken. In der folgenden Auflistung spreche ich über ein paar der wichtigeren Bitcoin Forks.

NAMECOIN NMC

Namecoin war der erste Bitcoin Fork und wurde am 18. April 2011, etwa zwei Jahre nach dem Start von Bitcoin, als Fork etabliert. Es war so ziemlich alles gleich wie bei Bitcoin, mit der Ausnahme, dass Namecoin in der Lage war, Daten innerhalb seiner eigenen Blockchain-Transaktionsdatenbank zu speichern. Diese sollte die zensierungsresistente Domäne .bit schaffen, die funktionell den .com-Domänen ähnlich ist, aber unabhängig von ICANN, dem zentralen Verwaltungskörper für Domain-Namen, agieren würde. Nach einem vielversprechenden

Start kann man Namecoin heute als Niederlage bezeichnen, da sich aufgrund der zahlreichen Mining-Attacken keine vertrauenswürdige Struktur etablieren konnte.

LITECOIN LTC

Charlie Lee, ein ehemaliger Google-Mitarbeiter, forkte Litecoin im Oktober 2011, sechs Monate nach Namecoin, vom Bitcoin Code. Er führte Scrypt als neuen Mining-Algorithmus ein und stellte die Mining Difficulty auf 2,5 Minuten pro Block ein. Gleichzeitig erhöhte er die maximale Coin-Anzahl auf 84 Millionen Litecoins (viermal so viele wie bei Bitcoin). Ähnlich wie beim Verhältnis von Silber zu Gold wird Litecoin oft als Bitcoins kleiner Bruder angesehen. Aus der Sicht der Führungsrolle mit Charlie Lee ist Litecoin definitiv stärker zentralisiert, da dieser seine Philosophien sehr aktiv in der Litecoin-Community vorantreibt. Das hilft einerseits bei Innovationen, wird aber andererseits auch oft von denen kritisiert, die eine Kryptowährung lieber dezentraler sehen würden. Litecoin war durch seine agile Art die erste Top-5-Kryptowährung, die im Mai 2017 Segregated Witness (SegWit) und das Lightning Network einführte. Litecoin wird, je nach Innovationsgrad, eine gute Chance haben, langfristig seinen Stellenwert zu behalten.

BITCOIN CASH / BCASH BCH

Bitcoin Cash oder BCash war das Resultat eines Bitcoin Forks am 1. August 2017. Der Hauptgrund für den Fork war SegWit, welchen BCH aufgrund einer anderen Mining-Anforderung im Gegensatz zu BTC NICHT übernahm. Zudem hat BCH Blöcke von bis zu 8 MB, welche achtmal mehr Transaktionen ermöglichen als BTC. Abgesehen davon sind die übrigen Merkmale bei beiden Forks recht ähnlich, doch die Visionen für die Zukunft gehen stark auseinander. Während sich Bitcoin Core eher als Weltreserve an digitalem Geld etablieren will, schlägt BCash eher den Weg einer Weltwährung ein. Persönlich sehe ich die BTC-Vision als die »richtige« an, doch nur die Zukunft wird zeigen, wer recht behält. Derzeit befindet sich BCH auf jeden Fall unter den Top-10- Kryptowährungen.

Es gibt noch einige andere Bitcoin-Forks, auf die ich aufgrund ihrer Unwichtigkeit nicht weiter eingehen werde. Eine Liste Hunderter anderer nicht erfolgreicher Forks findest du, wenn du in Google die »Vollständige Bitcoin-Fork-Liste« suchst. Wenn es gleich um private Coins geht, werde ich noch die Bitcoin Forks DASH und ZCASH abdecken. Zuerst sprechen wir aber über die zweite große Blockchain neben Bitcoin: Ethereum.

ETHEREUM ETH

Wenn man Bitcoin als eine Blockchain der ersten Generation betrachtet, so verdient Ethereum es definitiv, als Blockchain der zweiten Generation bezeichnet zu werden, da hier weit mehr Funktionen möglich sind. Ethereum wurde Ende 2013 von »Wunderkind« Vitalik Buterin konzipiert. Er schlug vor, anstatt eine Blockchain nur für Währungen zu verwenden, seine Funktionalitäten eher in Richtung eines dezentralisierten Computers auszudehnen. Anstatt nur zu speichern, wie viele Coins jeder Teilnehmer hat, könnte dieser Computer, auch als Ethereum Virtual Machine (EVM) bezeichnet, Programme unaufhaltsam abspielen. Um die Entwicklung zu finanzieren, führte die Ethereum Foundation im Sommer 2014 einen ICO durch, bei dem, je nach genauem Zeitpunkt, an den Käufer im Gegenzug für 1 bitcoin 1 337 bis 2 000 ETH gegeben wurden. Insgesamt erhielt die Foundation dadurch etwas mehr als 31 529 BTC, was damals den gewünschten 13 Millionen Euro (15 Millionen US-Dollar) entsprach. Der anfängliche Ethereum-Preis lag somit bei umgerechnet etwa 30 Cent. Das System ging dann ein Jahr später am 30. Juli 2015 live und bot dessen Nutzern zum ersten Mal die Möglichkeit von Smart Contracts an.

WAS SIND SMART CONTRACTS?

Der größte Fortschritt im Vergleich zu Bitcoin besteht darin, dass Ethereum die sogenannte Turing-Complete-Skriptsprache Solidity verwendet. Diese ermöglicht es, Berechnungen innerhalb der Blockchain durchzuführen. Während Bitcoin nur rudimentäre Multi-Signatur-Funktionen erlaubt, bei denen einige wenige Teilnehmer eine Transaktion nach einer »Und-Logik« unterzeichnen müssen, damit sie ausgeführt werden kann, öffnete Ethereum die Tür für weitaus komplexere Abläufe, welche als Smart Contracts bezeichnet werden.

Smart Contracts sind Verträge, bei denen eine dezentralisierte Blockchain ihre Unveränderbarkeit und Ausführung gewährleistet.

WAS IST DIE EVM (ETHEREUM VIRTUAL MACHINE)?

Wie jeder andere Computer verfügt auch Ethereum über ein Betriebssystem, das EVM (Ethereum Virtual Machine) genannt wird. Um ein Programm darauf laufen zu lassen, muss der Initiator des Programms »Gas« (zu Deutsch: Sprit) bezahlen. Dies wird in der Währung von Ethereum gezahlt und gibt Ethereum seinen Wert. Die EVM führt dann den gewünschten Code auf allen Nodes im gesamten Netzwerk aus. Vergleichbar ist das mit dem Amazon-Webservice, wo man einem zentralisierten System etwas bezahlen muss, um den Cloud-Dienst zu nutzen. Wenn man ein Programm hat, das nie von einem externen Einfluss gestoppt werden soll, kann dies Ethereum vollständig dezentral und unaufhaltsam ausführen. Im Mai 2015 startete die EVM mit Version 0 namens Olympic. Im Juli 2015 wurde sie auf Version 1, Frontier, aktualisiert. Version 2, Homestead, folgte im März 2016. Derzeit läuft Version 3, Metropolis, mit der Unterversion Byzantium. Hier wurden Zero-Knowledge-Snarks hinzugefügt, welche die Transparenz einer Blockchain unterbrechen und damit Ethereums Privatsphäre erhöhen. Ein interessantes Upgrade wird die nächste Version, 3.5 Metropolis- Konstantinopel, sein, da sich Ethereum hier von seinem aktuellen Proof-of-Work-Konsensus-Algorithmus verabschiedet und den Geist Casper als Proof-of-Stake-Algorithmus integriert.

Ethereum ist eine der innovativsten Blockchains überhaupt, welche ständig neue revolutionäre Dinge ausprobiert. Dies steht in einem starken Kontrast zu Bitcoin, wo sich Entwickler eher auf die Vermeidung von Risiken als auf Innovationen konzentrieren, was gerade diese beiden Blockchains mit ihren Gegensätzen so attraktiv macht.

GIBT ES IRGENDEINE PREISVORHERSAGE FÜR ETHEREUM?

Genau wie bei Bitcoin ist jede Prognose zur Preisentwicklung von Ethereum recht schwierig, also missverstehe die nächsten Zeilen ja NICHT als Anlageberatung. Wenn man Ethereum und andere Plattformen mit zentralen Betriebssystemen wie OS, Windows und Linux vergleicht, ist vorstellbar, dass einige der dezentralisierten Plattformen auch auf eine solche Größe oder vielleicht sogar darüber hinaus ansteigen. Microsofts Marktkapitalisierung liegt bei fast 600 Milliarden US-Dollar, und angesichts der vielfältigeren Anwendungen, die Ethereum anbieten könnte, ist eine Ethereum-Marktkapitalisierung von einigen Billionen Euro denkbar, ähnlich wie bei Bitcoin. Das würde einen Ether auf 30 000 Euro bringen. Manche prognostizieren sogar, dass ETH höher als Bitcoin steigen könnte ... Selbstverständlich weiß aber niemand, was wirklich passieren wird, und so sind das alles reine Vermutungen!

WIE WURDE ETHEREUM CLASSIC KREIERT?

Im Sommer 2016 führte ein neuartiges dezentrales Investmentvehikel namens DAO (Decentralized Autonomous Organization), basierend auf Ethereum, zu einem 130 Millionen Euro schweren Debakel: Die Hälfte des Geldes wurde von einem Hacker gestohlen. Anders als Bitcoin, bei dem die Person, die sich hinter dem Erfindernamen Satoshi verbirgt, unbekannt ist, hat Ethereum seine Galionsfigur in Vitalik Buterin, der kurzerhand verkündete, die Vergangenheit zu ändern und einen neuen Konsensus zu kreieren. Er »reparierte« den Schaden, indem er die Ethereum-Blockchain so forkte, als ob der DAO-Hack nie passiert wäre. Mit seiner Macht erreichte er, dass der veränderte Fork weiterhin Ethereum hieß, und dass der alte unveränderte Fork den Namen Ethereum Classic ETC erhielt. Wie man sich vorstellen kann, löste dies einen großen Aufruhr in der gesamten Kryptogemeinschaft aus, da es zu der Frage führte, wie dezentralisiert Ethereum und wie unveränderlich eine Blockchain wirklich sei. Nichtsdestotrotz ging Ethereum ETH preislich als Gewinner aus diesem Fork hervor und ist nach einem Jahr knapp zwanzig Mal so viel wert wie ETC. Der Hauptgrund dafür ist, dass die ganze Developer- und damit auch Innovationspower bei ETH liegt. Auch wenn die Community den Fork mit Argwohn ansieht, macht dies eine Wette auf ETC deutlich riskanter und ungewisser. Eine dieser Auswirkungen zeigt sich daran, wie viele ERC20 Token die jeweiligen Ethereum Chains nutzen: praktisch alle ETH.

WAS SIND ERC20 TOKENS?

Während bereits viele Anwendungen ins Auge gefasst worden sind, die auf der EVM laufen könnten, so lag der Hauptanwendungsbereich für die Technologie von Ethereum in den letzten Jahren in ERC20 Tokens. Hierbei müssen Unternehmen keine neue Blockchain kreieren, um eine eigene Kryptowährung zu erschaffen, sondern sie können ihre Token durch einen Smart Contract auf Ethereum erstellen. Diese sogenannten ERC20 Token (Ethereum Request for Comments Nr. 20) definieren sechs klare Funktionen: 1. Gesamt-Token-Anzahl, 2. wie viele Token einer Adresse zugewiesen sind, 3. von wo Token 4. an wen übertragen werden, 5. ob etwas erlaubt ist oder nicht, 6. und ob eine bestimmte Zusatzfunktion möglich ist oder nicht. Hier müssen also keine Unternehmen Miner und Server in den Erhalt einer dezentralen Community investieren. Stattdessen dauert es nur einen halben Nachmittag, um die eigenen »Währungen« durch das dezentrale Ethereum Netzwerk zu erschaffen und betreiben zu können. Diese Funktion der ERC20-Tokens führte zum Aufkommen zahlreicher ICOs (Initial Coin Offerings).

WAS IST EINE ICO?

Bei einer ICO bietet ein Unternehmen einen mehr oder weniger großen Teil der zuvor auf ERC20-Basis kreierten Token potenziellen Käufern an. Im Gegenzug erhält das Unternehmen, genau wie es Ethereum für seinen eigenen Start 2014 getan hat, andere Kryptowährungen. ICOs dienen einem wertvollen Zweck, solange sie legitim und nicht betrügerisch eingesetzt werden. Am Ende des Buches gibt es ein spezielles Bonuskapitel zu diesem Thema, und du kannst auch nach »Julian Hosp ICO« googeln, denn ich habe viele Blogbeiträge und Artikel darüber geschrieben, wie solche ICOs erfolgreich ablaufen. Einige dieser ICO Token stelle ich im Folgenden vor. Eine vollständige Liste findest du auf: www.coinmarketcap.com.

ERC20-TOKEN-ÜBERSICHT: REP, ICN, MLN, DGD USW.

- Augur REP: Ein Wett-Token, mit dem auf alles Mögliche im Augur-System gesetzt werden kann.
- Iconomi ICN & Melonport MLN: Ein Token, mit dem man in andere Kryptowährungen, ähnlich einem ETF, investieren kann.
- DigiX DGD: Ein Gold-Token, mit dem man von Gold profitieren kann.

Ich weiß natürlich nicht, wie sich diese oder auch andere Tokens in Zukunft entwickeln werden. Sieh dies deshalb NICHT als Anlageempfehlung an, nur weil ich einen Token hier erwähnt habe oder auch nicht. Die meisten dieser Tokens können wie bei PAY bereits beschrieben auf www.bittrex.com gekauft werden.

ANDERE »DEZENTRALE PLATTFORMEN« WIE NEM, LISK, WAVES, STRATIS, ETC.

Neben Ethereum und Ethereum Classic sind weitere dezentrale Blockchain-Plattformen entstanden. Die meisten dieser Systeme versprechen einfachere und bessere Technologien beziehungsweise Abläufe. Zum Beispiel verwenden sie eine andere Programmiersprache als Ethereums Solidity, welche außerhalb von Ethereum von niemandem sonst verwendet wird. Viele dieser neueren Plattformen scheinen gute Ansätze zu haben, aber zum Erscheinungszeitpunkt dieses Buches

Mitte 2018 hat bisher keine von ihnen die Aufmerksamkeit erhalten, die Ethereum (zu Recht oder nicht) besitzt. Ganz im Gegenteil, Ethereum baut derzeit seinen Fortschritt auf Nutzer- und Kapitalisierungsbasis sogar noch weiter aus. Dies ist ein entscheidender Punkt für all jene, die glauben, dass sich immer die beste Technologie durchsetzt. Das Internet verwendet auch nicht die bestmögliche Technologie. Da sie aber, warum auch immer, den größten Zuspruch erhalten hat, hat sich die bestehende Technologie weltweit durchgesetzt. Der Grund, warum ich derzeit persönlich in KEINE dieser Plattformen mit nennenswerten Summen investiere, ist, dass ich momentan aufgrund der Akzeptanz keinen wahren Konkurrenten für Ethereum sehe. Natürlich kann sich das jederzeit ändern, doch derzeit nehme ich »nur« die neue Technologie wahr, aber keine vermehrte Akzeptanz unter diesen anderen dezentralen Blockchain-Plattformen.

APPLIKATIONS- UND VERMÖGENSWERT-TOKEN

Unternehmen, die keine Ethereum-basierten Token verwenden möchten, können entweder eine der anderen zuvor genannten Plattformen nutzen (sogar bei Bitcoin ist das durch sogenannte Coloured Coins möglich) oder eine eigene Blockchain erstellen. Steem zum Beispiel versucht, ein dezentralisiertes Social-Media-System aufzubauen, bei dem diejenigen Leute und theoretisch auch diejenigen Computer, die wertvolle Inhalte erstellen, automatisch in Steem Dollars bezahlt werden. An vielen weiteren dieser Applikationstoken, auch zum Beispiel an einem dezentralen Dropbox-Speichersystem, wird gearbeitet. Gleichzeitig kommen immer mehr Vermögenswerte wie Immobilien auf die Blockchain und werden »tokenisiert«.

WAS IST TOKENISIERUNG?

Tokenisierung bedeutet, dass reale Vermögenswerte wie Akti-
en, Anleihen, Immobilien, Gold usw. auf die Blockchain ge-
bracht werden.

Ich bin ein großer Fan von Tokenisierung und glaube, dass darin ein riesiger Anwendungsbereich der Blockchain liegen wird. Egal ob Firmen, Grund und Boden – selbst Fiat-Währungen können auf diese Weise dezentral abgebildet werden. Hier muss man jedoch sehr vorsichtig sein, ob die zugrundeliegenden Werte auch tatsächlich existieren oder nicht. Zum Beispiel beruht der US-Dollar Tether USDT, welcher von Bitfinex in Hongkong ausgegeben wird, mit der Abbildung des US-Dollars auf einer guten Idee. Doch ich habe meine persönlichen Vorbehalte im Hinblick auf die Frage, wie viele US-Dollar diesem Tether tatsächlich entgegengestellt werden. So wird aus einem Vermögenswert Token ein zentralisierter Scam. Es wird jedoch sehr aufregend sein, zu sehen, welche neuen Möglichkeiten sich in diesem Bereich in den nächsten Jahren ergeben werden, wenn immer mehr Unternehmen und reale Vermögenswerte auf der Blockchain vertreten sein werden.

PRIVATE COINS: MONERO, DASH, ZCASH, ETC.

In Anbetracht der hohen Transparenz, die traditionelle Blockchains haben (jeder kann sehen, welche Adresse Coins an welche andere Adresse sendet), wurden verschiedene Systeme vorgeschlagen, um die Privatsphäre zu erhöhen. Ein Phänomen, das sonst auftreten könnte, ist das der Nicht-Fungibilität. Eine gute Währung muss die drei Funktionalitäten Rechnungseinheit, Übertragungsmethode und Wertaufbewahrung haben. Insbesondere die Rechnungseinheit funktioniert jedoch nur, wenn ein Coin gleich ist wie der andere. In einem vollständig transparenten dezentralisierten System kann jedoch das Problem von tainted Coins auftreten.

WAS SIND TAINTED COINS?

Tainted Coins (zu Deutsch: verdorbene Münzen) sind Coins, mit denen man aufgrund der Transparenz ihre Verwendung für illegale Aktivitäten in der Vergangenheit in Verbindung bringen kann. Solche tainted Coins sind daher weniger wertvoll als Coins, die nicht tainted sind.

Tainted Coins stellen ein wirkliches Problem bei den transparenten Blockchains dar. Zum Beispiel könnten von jemandem bitcoins gestohlen werden. Der Dieb schickt diese bitcoins dann an eine Exchange, und bevor diese den Tausch blockieren kann, wechselt der Dieb die bitcoins in Ether um und hebt diese ab. Die bitcoins sind nun tainted, weil sie mit illegalen Aktivitäten verbunden sind. Niemand will diese tainted bitcoins erhalten, da jeder weiß, dass sie eigentlich der Person gehören, von der sie gestohlen wurden. In der Fiat-Welt ist Geld, das bei einem Betrug oder Diebstahl ergaunert wurde, nicht gebrandmarkt, da es nicht nummeriert ist. Selbst bei Bargeld, das ja bekanntlich nummeriert ist, lässt sich die Geschichte der einzelnen Banknote nicht zurückverfolgen.

Die Lösung in der Kryptowelt besteht darin, diese tainted Coins mit genügend nicht tainted Coins zu vermischen, sodass anstatt eines einzelnen vollständigen tainted Coins alle Coins zu einem geringen Prozentsatz tainted werden. Wenn man einen zu 100 % tainted Coin zum Beispiel mit 99 zu 0 % tainted Coins vermischt, ist jetzt jeder der insgesamt 100 Coins zu 1 % tainted. Alle Coins wären wieder gleich und je regelmäßiger man diese Durchmischung durchführt, desto intransparenter sind die Zahlungsabläufe, und der Taintedness-Grad bleibt wie bei Fiat-Geld nahe Null. Die meisten bitcoins heute sind zu einem kleinen Grad tainted, was kein wirkliches Problem darstellt. Einige Exchanges verfolgen zwar tatsächlich die Taintedness der Coins, und wenn man einmal einen Coin zu verschicken versucht, der zu stark tainted ist, lehnen diese Exchanges die Einzahlung ab. Zwar geschieht dies äußerst selten. Doch zeigt es gleichwohl, wie eben Geld doch nicht gleich Geld sein kann, was bei Währungssystemen ein riesiges Problem ist. Deshalb denken Leute darüber nach, wie sich Kryptowährungen erschaffen lassen, bei denen dieses Vermischen der Coins und die daraus resultierende Fungibilität (zu Deutsch: Austauschbarkeit) bei jeder Transaktion automatisch vonstattengeht. So wurden private Coins geschaffen, bei denen die Transaktions-Historie nicht vollständig bekannt und die Fungibilität entsprechend garantiert ist. Während an weiteren Methoden gearbeitet wird, sind derzeit hauptsächlich drei Technologien im Einsatz.

RING SIGNATURES: MONERO XMR

Ringsignaturen, wie sie Monero verwendet, funktionieren vereinfacht ausgedrückt, indem eine Person nicht nur die eigene Transaktion signiert (also ein Puzzleteil kreiert), sondern gleichzeitig auch alle anderen Transaktionen (Puzzleteile), die innerhalb eines Blocks geschehen. Alle anderen Leute, die ebenfalls Transaktionen innerhalb eines Blocks versenden, tun das auch. So werden alle Transaktionen nicht nur von einer Person, sondern von einem »Ring« von Leuten signiert. Für jemanden, der die Blockchain von außen betrachtet und nicht an der Transaktion beteiligt war, ist es somit ziemlich schwer, zu verfolgen, wer wem welche Coins geschickt hat. Er kann nur bestätigen, dass die Gesamtzahl der Coins, die von allen Teilnehmern gesendet beziehungsweise empfangen wurde, korrekt ist. Da jeder ein bisschen von allem unterschrieben hat, ist nicht nachvollziehbar, wer wieviel von wem erhalten hat. Der Vorteil von Ring Signatures besteht darin, dass dazu niemand anders nötig ist außer denjenigen Personen, die an den Transaktionen beteiligt sind. Der Nachteil ist jedoch, dass es möglich sein kann, dass nur wenige Personen an einem solchen Ring-Signatur-Verfahren teilnehmen, was die Transparenz erhöhen und dadurch die Privatsphäre verringern würde.

MIXER (DASH …)

Mixer funktionieren, indem Leute, die NICHT Teil der Transaktion sind, große Mengen an Coins bereitstellen, wodurch die tainted Coins vermischt werden. Im Falle von DASH stellen Master-Nodes solche Pools, als eingebautes Feature der Kryptowährung, gegen eine Gebühr bereit. In jeder anderen Kryptowährung können Mixer als Dienstleistung aufgebaut werden. Dies sind auch gleich die zwei wichtigsten Nachteile dieser Methode zur Erhöhung der Privatsphäre: Einerseits werden dazu stets andere Leute benötigt, welche die Coins zum Vermischen zur Verfügung stellen, und andererseits verursacht dies zusätzliche Kosten, denn niemand stellt Kapital einfach so kostenlos zur Verfügung. Der Vorteil im Vergleich zu Ringsignaturen besteht jedoch darin, dass du immer noch die maximale Privatsphäre hättest, selbst dann, wenn du eine Transaktion während eines Blocks alleine durchführen würdest. Denn der Pool an Coins ist unabhängig von der Transaktion.

Damit du dir das bildhaft vorstellen kannst, denk an ein mit Wasser gefülltes Schwimmbad. Das ist der Pool voll mit Coins, die zum Mixen der Coins verwendet werden. Die eigenen Coins, welche man an jemanden verschicken möchte, gießt man wie ein Glas Wasser in diesen Pool. Man sagt dann der Person, der man die Coins sendet, über einen Weg, der NICHT auf der Blockchain abgebildet wird, wie viele Coins (Wasser) sie aus dem Pool nehmen darf. Diese Kommunikation von »wer« und »wie viel« braucht nicht in der Blockchain registriert zu werden. Der Vorgang bleibt also intransparent, solange der Pool an Coins groß genug ist, sodass sich unmöglich nachvollziehen lässt, wer wessen Coins (Wasser) aus dem im Vergleich zur Transaktionsmenge riesigen Pool genommen hat. Das ist der Knackpunkt für die Privatsphäre: Der Pool muss groß genug sein. Im Falle von Ring-Signaturen wird der Pool von allen Personen gebildet, die die Transaktionen durchführen. Dieses Verfahren erfordert niemand anderen, aber wenn der erstellte Pool (Ringsignatur) zu klein ist, sind die Coins rückverfolgbar. Dafür muss ich bei Ring-Signaturen im Vergleich zu Mixern wie bei DASH niemanden dafür bezahlen, Coins (Wasser) zum Vermischen bereitzustellen.

Eine neuartige Verschlüsselungsmethode namens Zero Knowledge Proofs will hier trumpfen, denn sie verursacht weder zusätzliche Kosten noch erfordert sie andere Leute.

ZERO KNOWLEDGE PROOFS: ZCASH, ETHEREUM ...

Zero Knowledge Proofs sind der wirkungsvollste Weg, um die Privatsphäre vermehrt zu schützen, und sie werden von Kryptowährungen wie ZCash und, seit dem Byzantium Upgrade, mittlerweile auch von Ethereum verwendet. Traditionelle Blockchain-Kryptographie funktioniert so, dass man eine Transaktion mit dem Private Key signiert und die resultierende (Tx-ID) Transaktions-ID (das Puzzleteil) der Beweis dafür ist, dass man die Coins besessen hat. Die Tx-ID lässt jedoch zwingend darauf zurückschließen, wer wem welche Coins sendet. Zwar kann niemand daraus den Private Key berechnen, doch die Transparenz liegt bei 100 %, wie bereits besprochen. Zero Knowledge Proofs bringen die Kryptographie einen Schritt weiter. Sie tun, was der Name vermuten lässt: Sie erlauben es, jemandem zu beweisen, dass er den Private Key besitzt (proof), ohne jedoch zu verraten, wie die Tx-ID (das Puzzleteil) genau aussieht (zero knowledge). So kann man Coins an eine andere Person versenden, ohne eine transparente Spur auf der Blockchain zu hinterlassen. Wie das kryptographisch im Detail funktioniert, das ist ziemlich komplex. Du kannst dir eine detaillierte Beschreibung von mir ansehen, indem du nach »Julian Hosp Zero Knowledge Proofs« googelst.

Um es einfach auszudrücken: Stell dir vor, dass der PIN-Code für ein Handy der Private Key ist und der entsperrte Bildschirm die Tx-ID. Um zu beweisen, dass man den PIN-Code des Handys kennt, also dass man die Coins verschicken darf, muss man das Handy lediglich entsperren und den Bildschirm herzeigen. Nun sieht aber jeder den Bildschirm und damit die komplette Information der Tx-ID. Wie kann man nun jemandem beweisen, dass man zwar den Private Key (die Handy-PIN) kennt, ohne die Tx-ID (das entsperrte Handy) herzeigen zu müssen? Man könnte zum Beispiel das Handy entsperren, es niemandem zeigen, aber stattdessen einen drahtlosen Hotspot aktivieren. Das könnte zwar durch andere Funktionen auch passiert sein. Wenn man aber diesen auf Abruf jederzeit ein- und abschalten kann, so können andere mit hoher Wahrscheinlichkeit davon ausgehen, dass man den Private Key (die PIN) tatsächlich kennt.

Zero Knowledge Proofs sind also Wahrscheinlichkeitsbeweise, bei denen man mit hoher Wahrscheinlichkeit dem Nachweis erbringt, dass man etwas hat oder kann, ohne die Details verraten zu müssen. Sie wären die bei weitem beste kryptographische Lösung, da sie keine anderen Leute benötigen und unglaublich effizient sind. Es gibt nur einen großen Nachteil: In der kryptographischen Funktion gibt es einen sogenannten Master Key. Wer diesen Schlüssel kennt, kann jede Transaktion signieren und damit die gesamte Blockchain kontrollieren. Stelle dir den Master Key vor, als hätte eine Behörde eine PIN, mit der sie einfach so jedes Handy entsperren könnte. Sie könnte immer den Hotspot ein- und ausschalten, aber niemand wüsste, ob es die tatsächliche PIN für das spezielle Handy oder nicht doch der Master Key war. Mit dem Master Key könnte man Coins einfach aus dem Nichts erstellen, da man etwas nachweisen kann, was eigentlich gar nicht existiert. Nachdem bei Zero Knowledge Proofs niemand den Versender und Empfänger der Coins kennt, da man darauf vertraut, dass die PIN gestimmt hat, sieht man nicht einmal, ob jemand den Master Key hat oder nicht.

Bei der Erstellung von ZCash wurde dieser Master Key zum Beispiel von der Gruppe an Core-Developern erstellt, die dann mit der Kamera aufnahm und öffentlich machte, wie sie alle Teile des Keys zerstörten. Mehrmals kamen Zweifel auf, ob wirklich alle Teile des Schlüssels zerstört worden waren oder nicht. Zahlreiche Ermittlungen wurden eingeleitet, doch nie konnten schlagkräftige Beweise gefunden werden. Auch wenn somit alles legitim erscheint, ist diese Schwäche der potenzielle Erfolg und gleichzeitige Fall dieser Technologie. Einige andere Kryptowährungen, allen voran Ethereum mit den sogenannten zk-snarks (Zero Knowledge Snarks), versuchen durch solche kryptographischen Erweiterungen ihrer eigenen Blockchain, einen Teil dieser zusätzlichen Privatsphäre hinzuzufügen. Gleichzeitig wird bereits an Verbesserungen gearbeitet, bei denen kein Master Key in der kryptographischen Formel mehr notwendig ist. Es ist also Licht am Ende des Privatsphären-Tunnels zu sehen.

Eine Frage stellt sich nun jedoch: Ist diese Intransparenz solcher Coins gut oder schlecht?

SIND PRIVATE COINS GUT ODER SCHLECHT?

Wenn man ehrlich ist, werfen diese privaten Kryptowährungen die folgende Frage auf: »Wofür braucht man ein Zahlungsmittel, das überhaupt nicht nachvollziehbar ist und keine Grenzen kennt?« Eine unmittelbare Antwort wäre: »Für alles, was man illegal bezahlen will, also Drogen, Prostitution, Geldwäsche usw.« Während ein Teil davon sicher stimmt, muss man nicht nur das Problem der Fungibilität in Betracht ziehen, sondern sollte sich auch fragen, wie viel Privatsphäre jedem Menschen zusteht. Will man wirklich, wenn sich die Transparenz einer Blockchain durchsetzt, dass jedermann weiß, dass man zum Beispiel gerade im Krankenhaus bezahlt hat, welche Vorlieben man hat, wo man im Urlaub ist oder in was man gerade investiert hat? Privatsphäre hat ihre Vor- und Nachteile. Ein gewisses Maß an Transparenz ist nicht nur in Ordnung, sondern absolut notwendig. Das gilt aber auch für die Anonymität. Sonst haben wir den Big Brother, vor dem so viele warnen. Es wird darauf hinauslaufen, die berühmte goldene Mitte zu finden. Doch genau dafür braucht es diese privaten Coins, und deshalb haben sie definitiv einen Platz im Krypto-Ökosystem verdient. Es ist ein sehr spannender Bereich und deshalb habe ich in alle drei Technologien (Monero, Dash, ZCash) investiert.

BANKING COINS: RIPPLE, ETC.

Sollte man, wie es die Presse gerne vermittelt, glauben, dass Banken oder Staaten gegen Kryptowährungen sind, so liegt man absolut falsch. Aufgrund der technischen Vorteile von Blockchains arbeiten sogar viele Banken und Länder bereits an eigenen Lösungen beziehungsweise testen die Zusammenarbeit mit bestehenden Public Blockchains. Banking Coins wie Ripple XRP, Stellar Lumen XLM, R3 und viele andere konzentrieren sich hierbei vor allem auf Geschwindigkeit und Skalierbarkeit. Der populärste Coin in dieser Kategorie, Ripple, erhält jedoch auch am meisten Kritik von der Blockchain Community, da ihre Erfinder das No-Go begangen haben, 100 % der pre-gemineden Token am Anfang einzubehalten. Während Ripple zwar einige interessante Anwendungsbereiche hat, ist dieser zentralisierte Coin-Besitz eine nicht zu unterschätzende Gefahr, bei der man sehen muss, wie sich dies in Zukunft entwickeln wird. XLM bildete sich deshalb als Fork von Ripple, hat aber noch nicht die notwendige Popularität gewonnen. Die Bankenzusammenarbeit R3 mit Corda zielt auf den Aufbau eines Netzwerks von Banken über eine Blockchain ab. All das sind interessante Ansätze. Sie stellen wahrscheinlich noch keine finalen Lösungen dar, können dafür aber eine Grundlage bilden. Aus dieser Gruppe habe ich persönlich in Ripple investiert, da ich das Core Team dort persönlich kenne und darauf vertraue, dass seine Mitglieder den riesigen Teil ihrer Coins nicht einfach missbrauchen. Ich kann hier aber natürlich vollkommen falsch liegen, und deshalb solltest du dir auf jeden Fall eine eigene Meinung zu diesen Coins bilden.

DEZENTRALE KONSENSUS-LÖSUNGEN OHNE BLOCKCHAIN: IOTA TANGLE & HASHGRAPH

Wie wir bereits beim Thema Konsensus besprochen haben, soll die Blockchain eine zentrale Einheit davon ablösen, den Konsensus zu bestimmen. Das Hauptmanko dabei ist, dass bei einer Blockchain jeder alles wissen muss. Die Geschwindigkeit und Rechenleistung eines Nodes ist damit die Grenze für die gesamte Blockchain. Wenn dieser Node nicht mehr als 100 Transaktionen pro Sekunde verarbeiten kann, ist dies die maximale Kapazität – sonst gibt es in besagtem System keinen Konsensus. Viele Finanzsysteme würden aber tausende Transaktionen pro Sekunde benötigen. Einige neuere Ansätze beruhen daher auf dem Ansatz, dass Konsensus gar nicht mehr im ganzen System herrschen muss.

IOTA zum Beispiel löst dies durch ein sogenanntes **Tangle**. Die Teilnehmer speichern nicht mehr alle Vorgänge ab, sondern nur noch »lokale« Daten ihrer »Nachbarn« und vertrauen dabei darauf, dass dies in »anderen Regionen« ebenfalls gleichermaßen sorgfältig vonstatten geht. Anstatt diese Arbeit den Minern zu überlassen und sie dafür bezahlen zu müssen, werden die Transaction Confirmations von jedem Teilnehmer ausgeführt, der selbst eine Transaktion durchführen will. Während IOTA dabei sehr vielversprechend aussieht, was die Skalierbarkeit angeht, so wirft es aufgrund des noch wenig getesteten Status die berechtigte Frage auf, ob ein solches System angegriffen, betrogen und somit überhaupt breitflächig genutzt werden kann.

Der **Hashgraph** baut noch weiter auf diesem Konzept des lokalen Konsensus auf und verwendet »Tratsch und Klatsch« als Protokoll. Hierbei vertrauen unterschiedliche Nodes all der Information, welche sich regelmäßig bestätigen lässt, und verbreiten sie weiter, ähnlich wie sich der Tratsch und Klatsch in einem Dorf verbreitet.

Nachdem der Hashgraph (noch) KEINEN Token hat, ich jedoch an das Potenzial solcher Systeme glaube, habe ich ein wenig meines Kapitals in IOTA investiert. Man muss dies jedoch mit großer Vorsicht genießen, denn beide Konzepte befinden sich noch eher in einem Proof of Concept als in der tatsächlichen Nutzungsphase. Wenn du mehr über diese Technologien wissen willst, gibt in Google einfach mal die Suchbegriffe »Julian Hosp IOTA« und »Julian Hosp Hashgraph« ein. Systeme, die bereits angewendet werden und an denen ich auch selbst aktiv beteiligt bin, sind jene, die versuchen, die Skalierung der Blockchains über Blockchain-Konnektoren zu lösen.

BLOCKCHAIN-KONNEKTOREN: LIGHTNING, RAIDEN, INTERLEDGER ...

Man kann die Vorteile einer Blockchain (klare Regeln, Konsensus etc.) mit der Skalierung durch ein Peer-to-Peer-Netzwerk erweitern.

Einige andere Teams arbeiten vor allem an Ideen, die auf bestimmte Anwendungsfälle spezialisiert sind. Zum Beispiel konzentriert sich das **Lightning Network** auf Bitcoin und Litecoin, um hier über Peer-to-Peer-Payment-Channels (was das ist, kommt noch) eine unlimitierte Skalierung zu ermöglichen. Anstatt direkt über die Blockchain zu kommunizieren, gehen Teilnehmer hier »off-chain« (also von der Kette) und schicken sich Coins zu zweit hin und her. Das **Raiden Network** und Plasma konzentrieren sich auf ähnliche Weise mithilfe des Sharding auf Ethereum. Hierbei werden Subgruppen innerhalb von Ethereum gebildet, wodurch sich der Konsensus unlimitiert skalieren lässt. Das **Interledger-Protokoll** von Ripple konzentriert sich auf den Bankensektor, um hier noch schneller und günstiger den Finanzaustausch zu vollziehen.

GEEKY

Payment Channels

Anstatt sich gegenseitig Coins zu schicken, indem man alle Teilnehmer der Blockchain informiert, informiert man gemeinsam mit einer zweiten Person die Blockchain, dass man die Coins in einen Payment Channel legt. Weder man selbst noch die andere Person kann die Coins herausnehmen, es sei denn, beide stimmen zu. Coins in diesem Channel an den anderen zu schicken, bedeutet im Grunde, dass man die Zustimmung des anderen erhält, sich eine gewisse Anzahl an Coins jederzeit herauszunehmen zu dürfen. Der Vorteil ist nun, dass man in diesem Channel, so oft man will, Coins hin und her schicken kann, ohne alle anderen darüber informieren zu müssen. Jeder kann so viele Channels mit anderen Menschen aufmachen, wie er will, was die Skalierung einer Blockchain unendlich voranbringt, da nun mehr Basistransaktionen auf der Blockchain selbst, der Großteil jedoch über Payment Channels erfolgen können. Diese Payment Channels können auch verschiedene Blockchains verbinden, indem sie Atomic Swaps bilden.

Atomic-Swaps

Atomic Swaps verbinden über Payment Channels unterschiedliche Blockchains, zum Beispiel Ethereum und Bitcoin. Wenn man nun Bitcoin in dem einen Channel hat, Ethereum im anderen, und die beiden über eine dynamische Wechselrate verbunden sind, kann man auf kryptographisch sichere Art und Weise Coins von anderen Blockchains miteinander tauschen. Es funktioniert genauso, als hättest du Bitcoin in der linken und ich Ethereum in der rechten Hand. Wenn du mir deinen bitcoin links gibst, muss ich dir meine Ether rechts geben, aber wenn du dein bitcoin links behältst, behalte ich auch automatisch meine Ether rechts. Solche Atomic Swaps erlauben ein Vernetzen von Blockchains, ohne jemandem oder etwas vertrauen zu müssen. Ein interessanter nächster Schritt wäre es nun, diese Atomic Swaps zu sogenannten HTLCs (Hashed Time Lock Contracts) aneinanderzureihen.

HTLCs (Hashed-Time-Lock-Contracts)

HTLCs funktionieren wie hintereinander geschaltete Atomic Swaps: Ich gebe dir bitcoin, das du dann deinem Freund geben musst, der dir dann dafür Ether gibt, welches du mir gibst. Alles geschieht wiederum ohne wesentliche Zeitverzögerung und vollkommen sicher, da niemand aus der kryptographischen Kette ausreißen kann.

GEEKY OFF

KAPITEL 11 – INVESTIEREN IN KRYPTOWÄHRUNGEN

Gratuliere, du hast nun so ziemlich die wichtigsten Grundlagen zu Blockchain, Kryptowährungen und Dezentralisierung gelernt. Du bist nun #CRYPTOFIT. Jetzt geht es zum aufregendsten Kapitel über, nämlich, das Gelernte in die Praxis umzusetzen. Vielleicht empfindest du jedoch genau das Gegenteil und bist nicht aufgeregt, endlich durchstarten zu können, sondern siehst eher Gefahren als Chancen und würdest dieses Buch am liebsten zuklappen. Sich nicht ganz wohl zu fühlen, wenn man in etwas Neues startet, ist ganz normal. Umso wichtiger ist es, die eigene Komfortzone zu verlassen, um neue Bereiche und damit neue Möglichkeiten zu erkunden. Lies also, egal ob du dich schon freust oder nicht, mit wachem Verstand bis zum Ende weiter.

SOLLTE MAN ÜBERHAUPT IN KRYPTOWÄHRUNGEN INVESTIEREN?

Ich könnte dir jetzt meine persönliche Meinung mitteilen, die du dir aber sowieso bereits denken kannst. Stattdessen möchte ich die Prognose des Weltwirtschaftsforums zitieren, wonach Kryptowährungen als Ganzes bis 2025 etwa 7 Billionen Euro erreichen werden. Das sind 7 000 Milliarden Euro. Theoretisch könnte Bitcoin das allein schaffen. Ende 2017 steht der Gesamtmarkt, welcher auf www.coinmarketcap. com ersichtlich ist, gerade einmal bei 4 %. Laut Vorhersage der schlauesten Ökonomen wird dieser Markt in den nächsten Jahren, konservativ gerechnet, also um das 25-Fache ansteigen. Es existiert ein enormes

Wachstums – ABER auch ein erhebliches Risikopotenzial! Die meisten Kryptowährungen haben sich noch nicht bewährt, und keine von ihnen existiert länger als ein Jahrzehnt. Dass sich die Technologie der Blockchain durchsetzen wird, darüber sind sich die meisten einig, nur welche der zahlreichen Applikationen es sein werden, das ist schwierig vorherzusagen. Vergleicht man diese Situation mit der in den 1990er-Jahren, so wäre eine Investition ins »Internet« eine Garantie für Reichtum gewesen. Doch da es »das Internet« nicht zum Investieren gab, musste man Anwendungen (Firmen) für sein Investment auswählen. Über 99 % dieser Unternehmen floppten, und all jene Investoren, welche auf schlechte Pferde gesetzt hatten, verloren beim Platzen der Dot-Com-Blase ihr gesamtes Geld. Etwas Ähnliches erwarte ich im Kryptowährungsraum. Könnte ich »in die Blockchain« investieren, würde ich alles Geld investieren, das ich besitze. Aber wie beim Internet-Beispiel ist das nicht möglich. Man muss die Firmen oder, im Falle von Blockchain-Technologien, die Kryptowährungen auswählen, und hier gehe ich ebenfalls davon aus, dass der Wert der meisten Kryptowährungen auf null sinken wird. Genauso wie im Internet gilt es, durch das Meer von Möglichkeiten hindurchzukraulen, um all jene Perlen herauszupicken, die trotz des Platzens einer möglichen Blase immer noch Milliarden und vielleicht sogar Billionen wert sein werden. In diesem letzten Kapitel geht es genau darum, dir meine persönlichen Gedanken hierzu weiterzugeben, damit du diese mit deinen eigenen Ideen hoffentlich auf lukrative Art und Weise kombinieren kannst.

BEFINDEN SICH KRYPTOWÄHRUNGEN IN EINER BLASE?

Ich hoffe es! Das ist nicht die Antwort, die du erwartet hast, oder? Lass mich erklären, was ich damit meine: Blasen zählen zu den wichtigsten Motoren der Wirtschaftsmaschinerie. Sie sind unbedingt notwendig, da sie Unternehmen, die in der Bubble-Phase wachsen wollen, einfachen Zugang zu Kapital verschaffen. Dann aber werden die schwachen Unternehmen aussortiert, sobald die Blase platzt. Medien wollen den Durchschnittsbürger schützen und erklären Blasen immer für gefährlich. In den meisten Fällen ist das auch so, doch aus Sicht der Unternehmen besteht die Möglichkeit, eine Blase mit einem großartigen Team und vielen Kunden im Aufwind zu nutzen und dann während des Platzens durch Stärke und Disziplin dem Wertverlust entgegenzuwirken. Für Investoren besteht der Trick darin, während des Aufwärtstrends einer Blase Investments schlau zu streuen, ohne dabei gierig zu werden, um dann beim Platzen nicht vernichtet zu werden. Das Ganze beginnt mit einer wichtigen Frage: Wie sieht denn das Risiko-Nutzen-Verhältnis beim Investieren in Kryptowährungen aus?

WIE HOCH IST DAS RISIKO-NUTZEN-VERHÄLTNIS BEI KRYPTOWÄHRUNGEN?

Beim Investieren ist eine der wichtigsten Fragen, die man sich stellen muss, wie groß denn das Kurspotenzial einerseits nach oben und das Verlustrisiko andererseits nach unten ist. Danach muss man sich fragen, wie wahrscheinlich es ist, dass das jeweilige Szenario eintritt. Viele Menschen sehen zum Beispiel Immobilien als sicheres Investment an. Auch ich selbst investiere in Wohnungen, doch Ende 2017 stelle ich mir bei den derzeitigen Preisen die folgende Frage: Wie weit könnten Immobilien preislich noch nach oben beziehungsweise nach unten gehen? Das hängt natürlich stark von der genauen Gegend ab, in der du lebst, aber wenn wir uns einen »Durchschnittsort« in Deutschland oder Österreich vorstellen, so wäre ein »Absacker« der Immobilienpreise um ca. 25 % nicht ausgeschlossen. In vielen Gegenden sind die Preise zwar im letzten Jahr relativ stabil geblieben, doch einen 10-%-Anstieg sehe ich ebenso als möglich an. Wie hoch ist nun die Wahrscheinlichkeit der jeweiligen Szenarios? Ein 25-%-Rückgang ereignet sich statistisch gesehen ca. alle zehn Jahre, da sich Immobilienpreise tendenziell in Wellen bewegen. Das ist eine Wahrscheinlichkeit von 10 % pro Jahr. Dass die Preise noch ein bisschen weiter steigen, sehe ich als noch wahrscheinlicher an, sagen wir 20 % Wahrscheinlichkeit. Was bedeutet das also für meine Risikokalkulation einer Immobilien-Investition? Investieren – ja oder nein? Wenn Leute rein nach dem Bauchgefühl entscheiden, dann sagen die meisten bei Immobilien »ja«, ganz egal, wie die eigentlichen Preise und Wahrscheinlichkeiten aussehen. Wenn ich mir jedoch die Zahlen anschaue, bin ich überrascht, wie viele Menschen sich aktuell nach Immobilien umschauen. Denn rein mathematisch erscheint eine Immobilien-Investition bei diesem hohen Preisniveau wenig sinnvoll, das ergibt meine eigene Kalkulationen. Warum? Hier ist die mathematische Formel:

10 % Gewinn x 20 % Wahrscheinlichkeit = 2 % Nettoertrag
25 % Risiko x 10 % Wahrscheinlichkeit = 2,5 % Nettoverlust

Hätte man einen »perfekten« Markt und eine unbegrenzte Menge an Möglichkeiten, um bei diesen Zahlen in Immobilien zu investieren, würde man am Ende eher Geld verlieren als gewinnen. Bei den von mir subjektiv errechneten Wahrscheinlichkeiten und Gewinn- bzw. Verlusthöhen macht man im Schnitt zwei Schritte vorwärts, doch gleichzeitig zweieinhalb Schritte rückwärts. Das wäre unterm Strich ein Nettoverlust. Natürlich ist diese Milchmädchenrechnung sehr theoretisch und dient mehr zu Demonstrationszwecken denn als Anlageberatung. Wir könnten eine solche Rechnung ebenso für Aktien, für Gold, für Anleihen und auch für die Anlageklasse der Kryptowährungen vornehmen. Intelligente Investoren treffen ihre Entscheidungen eben nicht einfach nur aus dem Bauch heraus, sondern untermauern diese mit klaren Zahlen und Wahrscheinlichkeiten. Der Durchschnittsbürger hingegen investiert lieber in das, was er kennt. Ganz egal, ob er dabei Geld verliert. Etwas Neues wie Kryptowährungen ist ihm fremd. Genau deshalb investiert der Durchschnittsbürger erst, wenn er es zum hundertsten Mal in den Medien gehört hat, wenn der Markt in einer gesunden Reaktion kontrahiert und wenn das »schlaue Geld« längst investiert ist. Wie rechnen Leute mit dem »schlauen Geld«?

Um nicht meine eigene Meinung in den Vordergrund zu stellen, nutze ich abermals die Statistik des Weltwirtschaftsforums, die für Kryptowährungen einen 25-fachen Gewinn in den nächsten Jahren voraussagt. Nutzen wir jedoch »nur« knapp die Hälfte davon für diese Berechnung: Eine Verzehnfachung. Meiner Meinung nach wird dieses Szenario mit einer Wahrscheinlichkeit von 20 % eintreten. Ich rechne hier definitiv pessimistisch, denn eigentlich gehe ich davon aus, dass die Eintrittswahrscheinlichkeit viel größer ist. Beim Risiko muss man verstehen, dass man mit Kryptowährungen definitiv alles verlieren kann, das Risiko liegt also bei 100 %. Ich wähle hier weniger als 20 % Wahrscheinlichkeit, da ich persönlich denke, dass es wahrscheinlicher ist, dass Kryptowährungen als Ganzes erfolgreich sind, als dass sie komplett wertlos werden. Dies setzt voraus, dass man das Risiko streut und nicht auf eine einzelne Währung, sondern auf eine ganze Gruppe setzt. Du kannst die Rechnung gerne mit deinen eigenen Zahlen machen, so sieht sie jedoch bei mir aus:

1 000 % Gewinn mit einer Wahrscheinlichkeit von 20 % = 200 % Nettoertrag
100 % Risiko mit 10 % Wahrscheinlichkeit = 10 % Nettoverlust

Wenn man die mathematische Formel betrachtet, wird eines sofort kristallklar:

MIT KRYPTOWÄHRUNGEN KANNST DU
DEIN GESAMTES GELD VERLIEREN!

Schaut man sich nun die Zahlen komplett rational an, erkennt man, dass man jedes Mal, wenn man zweihundert Schritte vorwärtsgeht, nur zehn Schritte zurückgeht. Es gibt natürlich KEINE Garantie dafür, dass dieses Szenario auch wirklich so eintritt. Doch für mich als rationalem Investor zählt das Folgende: Das Risiko-Nutzen-Verhältnis ist sehr attraktiv!

Und das ist, worauf es beim Investieren ankommt. Fragt man einen professionellen Pokerspieler, dann wird dieser immer sagen: »Niemand weiß, was die Zukunft bringen wird, aber ich mag es, wenn mir die Wahrscheinlichkeiten wohlgesonnen sind!« Und ich liebe es, das Gleiche beim Investieren zu tun.

WIE VIEL SOLLTE MAN IN KRYPTO INVESTIEREN?

Bevor du losziehst und dein gesamtes Geld investierst, hier noch einmal eine Erinnerung:

Du kannst dein ganzes Geld verlieren. Investiere also NICHT mehr, als du zu verlieren bereit bist.

Die genaue Investitionssumme für jeden Einzelnen zu bestimmen, ist schwierig. Ich kann auf jeden Fall empfehlen, zumindest ein bisschen in Kryptowährungen zu investieren, auch wenn es nur 50 Euro sind. Wenn du gerne kalkulierte Risiken eingehst, investiere vielleicht 5 bis 10 % deines liquiden Kapitals. Wenn du gerne vorsichtiger bist, investiere weniger und suche dir hauptsächlich »große« Coins aus. Das Verlustrisiko ist tendenziell umso geringer, je größer die Marktkapitalisierung einer Kryptowährung ist, zum Beispiel bei Bitcoin oder Ethereum.

WANN IST DER BESTE ZEITPUNKT, UM IN KRYPTO ZU INVESTIEREN?

»Der beste Zeitpunkt war gestern; der zweitbeste ist heute.«

Obwohl dieses Zitat definitiv nicht immer richtig ist, hebt es eine Sache sehr gut hervor: Je früher man in einen wachsenden Markt wie den Blockchain-Markt einsteigt, desto besser. Da man jedoch immer gerade in eine Bubble geraten kann, sollte man nie seine gesamte Investitionssumme sofort investieren. Teile zum Beispiel dein Geld, das du einsetzen willst, in drei Teile auf: Bei beispielsweise 900 Euro wären das dann drei mal 300. Investiere die ersten 300 Euro sofort und diversifiziere sie auf einige der größeren Coins. Sobald der Markt einen Rücksetzer macht, und das macht er immer irgendwann, investiere die zweite Charge. Warte nun, bis der Markt abermals abfällt, und investiere den dritten Teil. Auf diese Weise hast du über den Lauf der Zeit einen sehr schönen Durchschnittseffekt. Wenn du unterwegs zusätzliches Geld flüssig hast, kannst du in regelmäßigen Abständen nachkaufen. Am schlechtesten wäre es, der Herde zu folgen und dann zu kaufen, wenn gerade ein Hype herrscht, und genau dann zu verkaufen, wenn Krisenstimmung herrscht. Durch rationale Entscheidungen kannst du diesem destruktiven Verhalten gut ausweichen.

WAS IST DIE BESTE KRYPTO-INVESTITIONSSTRATEGIE?

Niemand weiß, welche Kryptowährung wann steigt oder fällt. Jeder, der dir sagt, dass er es mit 100-%iger Sicherheit weiß, ist ein Lügner. Das kann niemand wissen. Traurigerweise gibt es zu viele dieser Scharlatane, und die Leute fallen auf den Hype herein, nur um kurze

Zeit darauf festzustellen, dass sie dadurch Geld verloren haben. Wenn du ein erfolgreicher Krypto-Investor sein willst, halte dich von diesen Menschen fern und konzentriere dich auf die folgenden bewährten Erfolgsstrategien:

1. Diversifiziere über den Lauf der Zeit. Investiere nicht alles auf einmal. Diversifiziere über mehrere Währungen. Zum Beispiel habe ich im Moment zehn bis 15 verschiedene Kryptowährungen, welche ich dir noch auflisten werde.
2. Vertraue nicht den Hypes oder Dramen in den Medien oder den Aussagen von Influencern. Sie kennen den Markt NICHT besser als du, sie schreien nur lauter.
3. Wenn du schon immer einen Coin kaufen wolltest, dessen Preis gerade nach unten geht, kauf ihn. Es ergibt keinen Sinn, gerade dann nicht zu kaufen, nur weil er gefallen ist. Genau das Gegenteil ist der Fall: Du solltest mehr kaufen, weil der Coin gerade billiger geworden ist.
4. Warren Buffett lehrt: »Wenn du erfolgreich investieren willst, kaufe niedrig und verkaufe hoch!« Es klingt wirklich einfach. Doch die meisten Menschen schaffen das nicht, weil sie durch das Geschrei anderer auf Social Media oder in den Medien abgelenkt werden und nicht ihrer Erfolgsstrategie folgen.
5. Suche NICHT nach Möglichkeiten, schnell reich zu werden. Wenn dir hohe Renditen versprochen werden, halte dich fern. Niemand kann hohe Renditen versprechen. Sie können eintreten, ja, aber niemand kann sie garantieren. Solche Versprechen sind ein Hinweis auf Scam (Betrug).
6. Du hast wahrscheinlich schon vom Zinseszins gehört, den Einstein als das achte Weltwunder bezeichnet hat. Wenn du zum Beispiel dein Geld jedes Jahr verdoppelst (100 % pro Jahr), was im Kryptobereich mit ein bisschen Disziplin definitiv möglich ist, hast du über zehn Jahre eine Vertausendfachung! 1 000 Euro

bringen dir auf diese Weise 1 Million Euro! (2^{10} = 1 024). Sei also geduldig, denn nichts ist schwerer zu kompensieren als Verluste, die du dir durch unüberlegte Schnellschüsse einhandelst.

7. Wenn du einen Coin verkaufst, verkaufe niemals alles. Behalte immer einen kleinen Rest zurück, denn man weiß nie, was passiert, und vielleicht steigt dieser Teil auf das 100-Fache an. Ich hatte genau diesen Fall im Jahr 2017, als ich mit ein wenig Ripple unverhofft eine 4 000-%-Rendite erzielte.

8. Tausche dich mit anderen erfolgreichen Krypto-Investoren aus. Trete entweder einer Mastermind-Gruppe bei oder besuche regelmäßig Veranstaltungen und Meetups. Wenn du dies liest und möchtest, dass ich bei einer deiner Veranstaltungen einen Vortrag halte oder wann die nächste CryptoNight stattfindet, kontaktiere uns via www.julianhosp.com.

9. Hin und her macht Taschen leer. HODL! Das ist kein Tippfehler.

WAS BEDEUTET »HODL?«

HODL bedeutet »halten« und kommt von einem berühmten Bitcointalk-Eintrag, in dem sich ein wütender und betrunkener Bitcoin Investor darüber beschwerte, dass ihn sein Mädchen verlassen hat, er sein ganzes Geld mit Bitcoin gerade verliert und er deshalb einfach nur auf alles schei$t und seine bitcoins HODL-t. Was er eigentlich auf Englisch ausdrücken wollte, war, dass er bitcoins hold-en wird, zu Deutsch: halten und nicht verkaufen. Sein Tippfehler wurde berühmt und hat sich durchgesetzt. Heute sprechen Millionen von Menschen im Krypto-Ökosystem von HODL, wenn sie »halten« meinen und eben nicht jeden Tag kaufen, verkaufen oder handeln.

WIE MISST MAN GEWINNE RICHTIG?

Wann immer man in etwas investiert und dabei einen Gewinn erzielt, muss man die Erträge an etwas anderem messen, um zu wissen, ob die Investition sinnvoll war oder nicht. Wenn man zum Beispiel in eine hochriskante Kryptowährung investiert und 20 % Gewinn pro Jahr erzielt, mag das zunächst gut klingen. Wenn auf der anderen Seite Bitcoin 30 % Gewinne während der gleichen Zeit gemacht hat, hat man eigentlich 10 % verloren, da Bitcoin, als die größte und am meisten respektierte Kryptowährung, traditionell als die Investition mit dem geringsten Risiko in diesem Bereich angesehen wird. Ein geringes Risiko in dieser Hinsicht bedeutet natürlich immer noch ein hohes Risiko im Vergleich zu manch anderen, eher traditionellen Investments. Ich persönlich habe damit angefangen, mein gesamtes Portfolio an einer 50/50-Aufteilung von Bitcoin und Ethereum zu messen. So sehe ich, ob meine Investments tatsächlich sinnvoll waren oder ob es nicht einfach besser gewesen wäre, mit deutlich weniger Aufwand und Risiko in den beiden »Großen«, Bitcoin und Ethereum, investiert zu bleiben. Im Jahr 2017 hatte ich zum Beispiel einen Freund, der mir stolz erzählte, dass er mit all seinen Trades und Investitionen in über einhundert verschiedene Währungen sein Geld nun verdreifacht hatte. Das klingt sehr beeindruckend, doch hätte er sich einfach nur an eine 50/50-Aufteilung von BTC und ETH gehalten, hätte er 2017 bei Bitcoin einen Anstieg von rund 1 000 Euro auf über 8 000 Euro, und bei Ethereum von 10 Euro auf 400 Euro miterlebt. Das ist eine Vervierundzwanzigfachung, ohne viel Arbeit und mit deutlich geringerem Risiko. Man sollte also nicht einfach nur die Rendite betrachten, sondern als Messlatte für seine Gewinne einen »Index« innerhalb der Branche wählen.

DER WINTER KOMMT!

Ich setze eher auf wirtschaftlich starke und einigermaßen bewährte Coins. Der Grund dafür ist meine feste Überzeugung, dass die meisten Coins mit der Zeit wahrscheinlich auf null gehen werden. Derzeit steigt die Flut und so hat es den Anschein, als würden alle Ideen und Coins erfolgreich sein. Das liegt nicht an den Sh*tcoins (zu Deutsch: schlechte Coins) selbst, sondern am gesamten Ökosystem. Die Leute werden dazu verleitet, teilweise völlig irrational zu handeln. Doch man sollte immer bedenken: Solange die Flut steigt, weiß man nicht, wer nackt schwimmt und wer nicht. Sobald das Wasser zurückgeht, kommt die Wahrheit ans Licht. Derzeit gibt es über 1 000 verschiedene Coins, und ich rechne mit einer Pleite bei über 900 davon. Jene paar Prozent, welche einen potenziellen Krypto-Winter überleben, werden nicht nur die Verluste der anderen wettmachen, sondern zusätzlich sogar fette Gewinne einfahren. Der Krypto-Winter wird irgendwann kommen. Niemand weiß, wann und wie das der Fall sein wird. Das Einzige, was man tun kann, ist sich darauf vorzubereiten und nicht auf Scams hereinzufallen, die keinen wirklichen Wert liefern. Einer der Gründe, warum ich eine Facebook-Gruppe zu diesem Thema gegründet habe und warum ich auf so vielen Veranstaltungen Vorträge halte, ist, weil ich auf dem Laufenden bleiben will. Ich will nicht nach vorgefertigten Vorurteilen zu handeln, sondern ein konstruktives Feedback zu Investment-Ideen zu erhalten. Ich kann dir nur empfehlen, das Gleiche zu tun.

WIE KAUFT MAN KRYPTOWÄHRUNGEN?

Wenn du dich nun entscheidest, deine ersten Kryptowährungen zu kaufen, hast du zwei Möglichkeiten:

OTC (OVER THE COUNTER)

Wenn du planst, eine Million Euro oder mehr zu investieren, verwende einen Over-The-Counter-Service, bei dem du Kryptowährungen direkt, ohne eine dazwischengeschaltete Exchange, kaufen kannst. Kontaktiere zum Beispiel http://www.kraken.com für weitere Informationen. Ich bin NICHT mit diesem Anbieter verbunden oder daran beteiligt, habe aber seine Dienste in der Vergangenheit erfolgreich genutzt. Es gibt einige andere solcher Services, pass aber auf, dass du nicht auf Betrüger reinfällst. Zum Kauf auf diesem Wege schickst du Euro, Schweizer Franken oder andere Währungen an den OTC und lässt dir im Gegenzug von ihm die gewünschten Kryptowährungen eines anderen Kunden zurückschicken, der sie gerade verkaufen will. Mindestbeträge hierfür sind in der Regel 1 Million Euro. Wenn das für dich (noch) nicht möglich ist, dann nutze eine Exchange.

EXCHANGES

Exchanges (zu Deutsch: Börsen) erlauben den Tausch, Kauf und Verkauf von allen möglichen Krypto- und Fiat-Währungen. Bei der Registrierung muss man wie bei einem OTC Service auch, die KYC-Prozedur (Know Your Customer, zu Deutsch: Kenne deinen Kunden, ein Legitimationscheck zur Verhinderung von Geldwäsche) durchführen, indem man den Reisepass und einen Adressnachweis hochlädt. Jede seriöse Exchange wird dies von dir verlangen. Hier ist eine Liste von Exchanges, die ich selbst benutze. Ich befürworte sie NICHT, sondern ich teile nur meine eigene Erfahrung:

- www.kraken.com (englischsprachig; bietet Banktransfer und viele unterschiedliche Coins an)
- www.bitstamp.com (englischsprachig)

- www.coinbase.com (englischsprachig; vor allem gut für Kredit-kartenzahlungen)
- https://www.bitcoin.de/de/r/pkapgd (deutschsprachig)
- www.bittrex.com (englischsprachig, bietet viele andere Währungs-paare, die sonst nirgends gelistet sind)

Auch wenn du nicht vorhaben solltest, sofort mit dem Investieren zu beginnen, so solltest du dir trotzdem schon ein Konto bei einer oder besser gleich mehreren Exchanges zulegen. Die Anmeldezeiten dauern aufgrund der großen Nachfrage manchmal mehrere Wochen. Mit folgen-den Schritten meldest du dich an und führst die erste Transaktion durch:

1. Registrieren
2. KYC
3. Euro, Schweizer Franken etc. überweisen
4. Fiat-Währungen gegen Kryptowährungen tauschen
5. Kryptowährungen sicher aufbewahren

Gerade der letzte Schritt des sicheren Aufbewahrens von Kryptowäh-rungen ist essenziell, wie das Negativbeispiel MtGox und jetzt auch Bitfinex gezeigt haben.

WAS IST MIT MTGOX PASSIERT?

Wenn du an das Kapitel über Wallets zurückdenkst, wirst du dich viel-leicht entsinnen, dass eines der wichtigsten Dinge bei Kryptowährun-gen darin besteht, den Private Key zu kontrollieren. Nur mit einem Private Key besitzt du auch wirklich deine Coins. Exchanges hingegen überlassen dir deinen Private Key nicht, dafür bieten sie dir aber ei-ne nutzerfreundliche Bedienungsoberfläche. Wenn eine Exchange ein Problem hat oder es zu einem Fork kommt, so bist du der Exchange hilflos ausgeliefert. Eines der schlimmsten Beispiele war der Zusammenbruch der Börse MtGox. Sie war zum Jahreswechsel 2013/2014 die größte und einflussreichste Exchange. Der Großteil des Handelsvolumens wurde dort umgesetzt. Aufgrund eines Hacks oder eines Inside-Jobs (so genau weiß man das nicht) gingen bitcoins im damaligen Wert von einer halben Milliarde US-Dollar verloren. Glücklicherweise hatte ich damals keine Coins auf MtGox, doch viele meiner Freunde wären Multimillionäre, hätten sie die bei MtGox verlorenen Coins heute noch. Etwas Ähnliches passierte 2016/2017 bei der Hongkong Exchange Bitfinex, und leider haben jedes Jahr irgendwelche Exchanges aufs Neue Probleme.

Die Lösung besteht darin, Kryptowährungen sofort nach dem Kauf von einer Exchange abzuheben und mit einem Private Key zu verknüpfen, über den wirklich nur du die Herrschaft hast. Du kannst nach dem »**Julian Hosp Bitcoin VIP Webinar**« suchen, wo ich sehr detailliert auf die Einzelheiten eingehe, wie das logistisch abläuft. Im Folgenden findest du eine Zusammenfassung dieser Anleitung.

WO BEWAHRT MAN KRYPTOWÄHRUNGEN AUF?

Den Großteil zur Aufbewahrung von Kryptowährungen haben wir bereits im Wallet-Kapitel besprochen. Falls du dich nicht mehr so gut daran erinnern kannst, gehe noch einmal dorthin zurück, da ich dieses Wissen zu Soft und Hard Wallet voraussetze.

Ich bewahre meine Kryptowährungen auf folgende Weise auf:

- Ich benutze Exchanges nur, um Kryptowährungen zu kaufen oder zu verkaufen. Kryptowährungen behalte ich nur dann auf Exchanges, wenn es keine guten Wallets dafür gibt, oder wenn die Mengen so gering sind, dass sich das Abheben nicht lohnt.

- Ein bisschen Bitcoin und Ether halte ich immer in meiner HOT-STORAGE. Ich behandle diese Coins, als würde ich einen Geldbeutel mit Euronoten mit mir tragen. Mir ist bewusst, dass ich dieses Geld verlieren könnte, aber das würde nicht gleich das Ende der Welt bedeuten. Zusätzlich verwende ich Bread www.breadwallet.com für Bitcoin und www.myetherwallet.com für Ethereum beziehungsweise ERC20-Token. Ich benutze Jaxx für einige andere Coins: www.jaxx.io.

- Der Großteil meiner Coins befindet sich in einem Cold Storage auf meiner Hard Wallet: www.julianhosp.com/hardwallet. Den Private Key dafür habe ich auf drei Stück Papier geschrieben und diese an unterschiedlichen Orten sicher eingeschlossen. Ein solches System ist preiswert (ca. 100 Euro für die Hard Wallet und ca. 40 Euro pro Jahr für die Schließfächer), doch wahnsinnig sicher. Auf diese Weise ist es sehr schwierig, jemals den kompletten Zugriff auf die Private Keys zu verlieren, doch gleichzeitig ist die Sicherheit ungemein hoch. Man darf hier die Gefahr von Diebstahl, Einbruch, Naturkatastrophen, Bränden und Wasserschäden nicht unterschätzen.

Wenn du gerade mit ein paar Euro anfängst, dann ist es völlig in Ordnung, zunächst alles auf der Exchange zu belassen, solange es wirklich nicht zu viel Geld ist. Du solltest dann rasch lernen, deine eigenen Wallets anzulegen, auch wenn sie zu Beginn »HOT« sind. Sobald die investierten Beträge größer werden, solltest du in eine Hard Wallet investieren und über ein geeignetes Schlüsselverwaltungssystem verfügen. Doch mach immer nur einen Schritt nach dem anderen. Du brauchst den Karren nicht vor das Pferd spannen.

WANN SOLLTE MAN KRYPTOWÄHRUNG VERKAUFEN?

Diese Frage lässt sich genauso schwierig beantworten wie die, wann man kaufen sollte. Im Allgemeinen verkaufe ich einen Coin, wenn er deutlich stärker angestiegen ist als andere. Ich lasse mir den Gegenwert fast nie in Euro auszahlen, sondern tausche Coins hauptsächlich in andere Coins um, die gerade eine unterdurchschnittliche Performance hatten oder vielversprechende Neuerungen bringen. Zudem verkaufe ich einen Coin niemals komplett, da man nie weiß, ob er nicht irgendwann später richtig stark wird. Ich versuche nie, den Markt vorherzusagen, sondern ich passe mein Verhalten stetig an das an, was gerade geschieht. Wenn ich mir einmal nicht sicher bin, ob ich verkaufen soll oder nicht, verkaufe ich zum Beispiel die Hälfte. Sinkt der Coin danach, habe ich zumindest einen Teil der Gewinne im Trockenen, steigt der Coin weiter, so habe ich noch etwas von diesem Anstieg. Meine persönlichen Preisprognosen zu Bitcoin und Ethereum habe ich in den jeweiligen Kapiteln beschrieben. Ich glaube jedoch auch, dass wir uns in sieben bis zehn Jahren die Frage nach einem Verkauf nicht mehr stellen werden. Der Wert von Kryptowährungen wird dann nicht mehr in Fiat-Währungen ausgedrückt, sondern Kryptowährungen werden dann einfach eines der akzeptierten Zahlungsmittel sein. Sie werden dann meiner Meinung nach unglaublich viel wert sein. Deshalb kaufe ich sie heute billig ein und halte sie als HODLER, bis dieser Moment eintritt.

WIE WERDEN KRYPTOWÄHRUNGEN BESTEUERT?

Die Besteuerung ist von Land zu Land unterschiedlich, und ich kann dir auf jeden Fall empfehlen, einen Steuerexperten in deiner Nähe zu Rate zu ziehen. Versuch bitte nicht, Steuern bei Kryptowährungen zu vermeiden. Kryptowährungen sind, wie du nun weißt, weniger anonym, als viele denken. Sei also lieber ein gesetzestreuer Bürger und halte dich an die Regeln. Aus meiner Sicht sollten sich die Aufsichtsbehörden unbedingt mit der Unterscheidung zwischen Steuern aus Spekulationen und Steuern aus der Nutzung von Kryptowährungen befassen. Einige Länder wie Australien tun das bereits. Sie gewähren einen Steuerfreibetrag, wenn man nachweisen kann, dass man Kryptowährungen zum Ausgeben einsetzt und nicht als Investment. Das bringt uns zur finalen Frage in diesem Kapitel.

WIE KANN MAN KRYPTOWÄHRUNGEN AUSGEBEN?

Betrachtet man die zentralen Anforderungen einer Währung, so kann man leicht erkennen, dass sich Kryptowährungen derzeit zwar gut als Recheneinheit, jedoch nicht wirklich als Zahlungsmittel eignen. Es gibt einfach (noch) keine Akzeptanzstellen. Das ideale Szenario wäre, dass sich Kunden und Unternehmen auf eine Kryptowährung einigen und diese zur Interaktion nutzen. Das wird in Zukunft so kommen, aber es wird noch eine Weile dauern. Bis dahin versuchen mehrere Unternehmen, die Lücke zu schließen. BitPay zum Beispiel bietet Händlern einen Dienst an, mit dem sie Kryptowährungen akzeptieren können, der ihnen dafür aber den Gegenwert in Euro gutschreibt. Der Wechselkurs passt sich automatisch an die zugrundeliegende Kryptowährung an, sodass der Händler kein Risiko und der Kunde gleichzeitig die Möglichkeit hat, seinen Kauf mit Kryptowährungen zu tätigen.

KAPITEL 12 – DIE ZUKUNFT VON KRYPTOWÄHRUNGEN

Wie kann die Zukunft von Kryptowährungen aussehen? Kryptowährungen werden in den nächsten zwanzig Jahren zu genauso drastischen Veränderungen führen wie das Internet in den vergangen zwanzig Jahren. Schauen wir uns die voraussichtlichen Veränderungen in den unterschiedlichen Zeithorizonten an.

WIE WERDEN ZAHLUNGEN IN FÜNF BIS SIEBEN JAHREN AUSSEHEN?

Abgesehen von mehr Akzeptanzstellen und erhöhter Benutzerfreundlichkeit beim Gebrauch von Kryptowährungen werden wir in den nächsten fünf bis sieben Jahren so ziemlich jeden Vermögenswert tokenisieren. Aktien, Immobilien, Gold, Treuepunkte und buchstäblich jede andere Sache wird als Token auf einer Blockchain dargestellt werden. Dies führt zu einer nahtlosen Kommunikation zwischen diesen Vermögenswerten und zu einer besseren Price Discovery.

WIE WERDEN ZAHLUNGEN IN ZEHN JAHREN AUSSEHEN?

In den kommenden zehn Jahren wird sich vermehrt zeigen, dass weder eine Zentralisierung noch eine Dezentralisierung allein die ultimative Lösung sein wird. Es wird immer einen Bedarf an zentralisierten

Institutionen geben. Doch dezentralisierte Communitys werden diese ständig herausfordern. Das zwingt zentrale Systeme, sich in Bestform zu bringen; sie können dadurch nicht mehr einfach das tun, was sie wollen. Dezentralisierung stellt das notwendige Gegengewicht zur Zentralisierung dar. Sie stellt somit ein Gleichgewicht her; das wird sich in den nächsten zehn Jahren vermehrt zeigen. Banken oder andere Firmen, die von dieser Entwicklung betroffen sind und die sie dennoch nicht akzeptieren wollen, werden in diesen zehn Jahren pleitegehen. All jene Firmen, die diese Entwicklung annehmen und darauf aufbauen, werden, genauso wie es andere Firmen mit dem Internet getan haben, unglaublich florieren.

WIE WERDEN ZAHLUNGEN IN 15 BIS 20 JAHREN AUSSEHEN?

In 15 bis 20 Jahren wird nach meiner Überzeugung das neurolinked Gehirn mit Vermögenswerten auf der Blockchain kommunizieren. Durch maschinelles Lernen wählt das System beim Bezahlen aus, welche Vermögenswerte zuerst verwendet und welche vorerst noch behalten werden. Egal ob Gold, Immobilien, Treuepunkte oder andere Werte: Alle Assets sind so völlig nahtlos, ohne jegliche Reibung, sofort, sicher und buchstäblich ohne Kosten verwendbar, überall auf der Welt und vielleicht auch auf anderen Planeten.

Ich weiß, dass vieles davon heute noch total verrückt klingt, aber genau das haben wir vor dreißig Jahren über Handys, Social Media oder kostenlose Videotelefonie gedacht. Ähnliches gilt auch für diese neue Revolution der Informations-Abspeicherung durch Blockchains. Du hast mit dem Lesen dieses Buches deine persönliche Grundlage für die dezentralisierte Revolution gelegt. Der erste Schritt in ein neues Gebiet ist immer der schwierigste. Deshalb möchte ich dir für dein Vertrauen danken und dafür, dass du diesen Schritt mit mir gemacht hast. Außerdem will ich dir gratulieren, dass du diese Reise überhaupt angetreten hast. Du bist nun wirklich #CRYPTOFIT und bereit für all die aufregenden Dinge, die diese Kryptowelt bietet.

BONUS-KAPITEL: INITIAL COIN OFFERINGS (ICOS)

Das Thema ICOs haben wir in Kapitel 10 kurz behandelt, aber nachdem sich ICOs gerade in einem regelrechten Hype befinden und ich aufgrund unseres eigenen 80-Millionen-ICOs international als ICO-Experte angesehen werde, wollte ich in diesem Buch zum Schluss ein Bonus-Kapitel darüber schreiben. Was sind ICOs, warum sind sie relevant und wie kann man als Unternehmen beziehungsweise als Investor von ihnen profitieren? Dazu gleich ein Überblick.

WAS IST EINE ICO?

Eine ICO oder Initial Coin Offering ist eine Möglichkeit für ein Unternehmen oder eine Organisation, ihre eigene Kryptowährung zu schaffen und diese dann öffentlich zum Kauf anzubieten.

Diese neue Kryptowährung kann eine eigene Blockchain haben, wie es bei Ethereum 2014 der Fall war. Sie kann aber auch tokenbasiert sein, zum Beispiel als ERC20-Token, also auf einer anderen Plattform wie Ethereum aufgebaut sein. Letzteres ist die häufigste Variante. In einer ICO tauschen die Käufer des neuen Tokens Kryptowährungen mit dem Unternehmen gegen neu erstellte Token aus. Das Unternehmen erhält Kapital, der Käufer die Token und alle Versprechen, die daran geknüpft sind.

WIE UNTERSCHEIDET SICH EINE ICO VON EINEM IPO (BÖRSENGANG)?

Als IPO beziehungsweise Börsengang bezeichnet man den Vorgang, wenn ein Unternehmen seine Aktien der Öffentlichkeit zum Investieren anbietet. Das Unternehmen erhält das Geld der Investoren, der Anleger erhält Aktien und besitzt somit einen Teil des Unternehmens. Ein Börsengang erfordert einen Anlegerprospekt, da die Investoren, die jetzt einen Teil des Unternehmens besitzen, klare Informationsansprüche und -rechte haben. Eine ICO ist in dieser Hinsicht komplett anders. Hier entsteht eine neue Kryptowährung, die an sich keine großen Rechte oder Besitzansprüche an einem Unternehmen verbrieft. Normalerweise wird der neue Token als unabhängiges Etwas betrachtet, das an Wert zunehmen kann oder auch nicht. Es ist mehr eine Hoffnung des Token-Käufers, dass die Firma mit dem Geld tun wird, was sie zu tun versprochen hat. Viele Firmen, die eine ICO durchführen, sind noch in der Startup-Phase. Daher birgt eine ICO ungleich höhere Risiken als ein Börsengang, der meistens von einem bereits erfolgreich am Markt etablierten Unternehmen durchgeführt wird.

WAS IST EIN TOKENSALE / TOKENGENERATINGEVENT?

Du hast vielleicht gehört, dass Unternehmen eine ICO als Tokensale (zu Deutsch: Token-Verkauf) oder Tokengeneratingevent (zu Deutsch: Tokenerzeugungs-Ereignis) bezeichnen. Während dabei einige der Regularien und Abläufe im Hintergrund anders sind als bei eine ICO, so ist doch der Prozess für einen Token-Käufer ziemlich ähnlich. Nach dem Verkauf hat das Unternehmen keine weiteren Pflichten gegenüber den Token-Käufern, außer die Funktion des Tokens zu erfüllen.

WARUM MACHEN UNTERNEHMEN ICOs?

Im Allgemeinen braucht ein Unternehmen ein Rockstar-Team, um eine gute Idee umzusetzen und den Unternehmensaufbau zu bewerkstelligen. Damit steht die Herausforderung an, den gesamten Betrieb zu finanzieren. Während traditionelle Finanzierungsmethoden durch Angels oder Risikokapitalgeber möglich sind, hat sich die Kryptowelt an diese neue Form der Direktfinanzierung mit der Bezeichnung ICOs gewöhnt. Der Vorteil für das Unternehmen besteht darin, dass es mehr Geld direkt von den Käufern erhalten kann, ohne gleichzeitig einen Teil der Firma verkaufen zu müssen. Der Vorteil für den Käufer ist, dass eine ICO finanziell attraktiv sein kann.

WAS MACHT EINE ICO ERFOLGREICH?

Ein großes Problem bleibt: Die meisten Firmen, die eine ICO durchführen, sind Startups ohne nennenswerte Erfolgsgeschichte. Statistiken besagen, dass 99 % aller Startups scheitern – also auch die fast aller ICOs. Wenn man als Unternehmen bei den 1 % der erfolgreichen ICOs dabei sein will oder als Investor solide anlegen und keinen Abzock-ICOs auf den Leim gehen möchte, gilt es, die folgenden fünf Kernpunkte zu beachten:

1. IDEE: Nötig ist zunächst eine gute, solide Idee, die ein reales und kein selbstkreiertes Problem löst.
2. UMSETZUNG: Ideen sind sehr wenig wert, wenn keine exzellente Umsetzung erfolgt.
3. TEAM: Es braucht ein Team von Entwicklern, Produktmanagern, Rechtsexperten, Marketingspezialisten und vieles mehr.
4. TOKENSTRUKTUR: Die rechtliche und finanzielle Tokenstruktur muss korrekt aufgesetzt sein. Wie hoch ist zum Beispiel die maximale Kaufsumme? Wie viel kostet der Token am Anfang? Wie

viel Prozent der Tokens werden verkauft? In welchem Land findet die ICO statt? Was ist die Funktion des Tokens? Für viele Fragen gibt es keine »perfekte« Antwort, doch man muss verstehen, was sie jeweils bedeutet.

5. KOMMUNIKATION: Marketing und Kommunikation sind der Schlüssel zum Erfolg. Dabei handelt es sich um den einzigen Faktor, der nicht standardisiert werden kann und jedes Mal individuell ist. Wenn ein Team nicht transparent oder erreichbar ist, ist dies immer mit Vorsicht zu genießen.

SOLLTE MAN IN ICOs INVESTIEREN?

Das liegt ganz bei dir. Wenn du große Sorgfalt walten lässt und du dir bewusst bist, dass die meisten ICOs versagen, kannst du es mit ein wenig Risikokapital versuchen. Die meisten ICOs laufen über die Websites der jeweiligen Unternehmen ab, und die Token werden danach auf Exchanges gehandelt. Zum Beispiel können viele Token auf www.binance.com mit bitcoin oder Ether gekauft werden. Sei dir aber der Risiken bewusst, vergleiche deine Rendite mit einem »Index« und betrachte nicht einfach nur deine Gewinne in Euro. Wenn deine riskanten ICO-Investments zum Beispiel einen 50/50-Mix aus Bitcoin und Ethereum bei weitem übertreffen, was wohl nur sehr wenige Token schaffen, dann ist es die Investition wert. Eine Übersicht der laufenden ICOs findest du hier: https://www.smithandcrown.com/icos/.

Wenn du noch mehr über ICOs lesen möchtest, dann mach auf Google die vollständigen Inhalte in Form von Blogs, Büchern und Videos ausfindig, und zwar mit der Sucheingabe: »Julian Hosp Initial Coins Offerings ICOs«. Viel Spaß beim Investieren in ICOs! Und denke immer daran, nie mehr zu riskieren, als du zu verlieren bereit bist.

WAS KOMMT ALS NÄCHSTES?

Herzlichen Glückwunsch, du hast es geschafft! Du hast jetzt einen sehr guten Einblick in Blockchain, Kryptowährungen und die Einflüsse, die diese Technologien auf unser Leben haben werden. Nun zählst du zur Crème de la Crème und bist absolut #CRYPOFIT.
Du fragst dich nun vielleicht, was deine nächsten Schritte sein sollten. Hier ist eine kleine To-do-Liste für dich:

1. Lade dir das Arbeitsbuch mit vielen Tipps und Tricks herunter, falls du dies noch nicht getan hast: www.cryptofit.community/arbeitsbuch. Fülle es aus und arbeite die Lektionen.
2. Registriere dich bei einer oder mehreren Exchanges. Sobald das Konto offen ist, überweise ein paar Euro darauf und kaufe deine ersten Kryptowährungen. Auch wenn sich das derzeit vielleicht noch komisch anfühlt, begegne dem Ganzen mit Offenheit. Probiere es einfach Schritt für Schritt aus. Sieh es wie das Internet vor dreißig Jahren: Diejenigen, die zuerst anfingen, waren die Gewinner, und diejenigen, die weiter offline herumgurkten, waren die Verlierer. Investiere deine ersten Euros, stell dich darauf ein, ein bisschen zu verlieren, lerne daraus und verbessere dich. So wächst du, und recht schnell wirst auch du zum Krypto-Experten. Du wirst sehen – es wird die aufregendste und beste Reise deines Lebens sein. Trau dich!
3. Denk daran, dass sich viele Dinge im Krypto-Ökosystem schnell ändern. Einige Links, Exchanges oder Währungen existieren möglicherweise schon nicht mehr, wenn du dies hier liest. Halte dich also stets auf dem Laufenden. Besuche ein paar ausgewählte Events beziehungsweise trete einer Mastermind Gruppe bei. Hier ist zum Beispiel unsere Face-

book Gruppe mit Zehntausenden von Menschen: www.facebook.com/groups/kryptoganzeinfach

4. Eine letzte Sache: Wenn du dieses Buch als wertvolle Informationsquelle erachtest, dann hilf mir bei meiner Vision, Menschen auf der ganzen Welt #CRYTPOTFIT zu machen. Teile dieses Buch mit ein paar Freunden. Schenke es jemandem zum Geburtstag oder zu Weihnachten. Teile den Amazon-Link auf Facebook oder Twitter. Und bitte schreib mir eine Bewertung bei Amazon. Gehe auf www.amazon.de, suche nach »Julian Hosp Kryptowährungen« und gib mir dein Feedback. Es dauert nur eine Minute, aber es hilft anderen, das Buch zu finden und zu erkennen, wie wichtig es für sie ist.

Denk daran, Wissen ist nur dann Macht, wenn man es auch umzusetzen weiß. Wenn du bis hierher gekommen bist, alles gelernt hast, es aber nicht umsetzt, ist es, als hättest nichts gelernt. Werde also aktiv und setze das Gelernte um.

Wenn mich Leute fragen, was mein Sinn fürs Leben ist, antworte ich: »Es geht darum, Optionen zu schaffen, nicht nur für mich selbst, sondern auch für andere.« Optionen zu haben, bedeutet für mich, unabhängig zu sein. #CRYPTOFIT zu sein, bedeutet für Milliarden Menschen in einer zentralisierten Welt die Entscheidungsmöglichkeit, diese jederzeit für eine andere Option verlassen zu können. Das ist, worauf es mir ankommt: Zu wissen, dass man.

Mit diesem letzten Absatz möchte ich dir danken, dass du mich auf diesem Weg begleitest. Ich wünsche dir alles Gute, Gesundheit und ganz viel Erfolg und hoffe, dich irgendwann, irgendwo mal persönlich zu treffen oder zumindest per E-Mail von dir zu hören.

Sei weiterhin so großartig, bleib #CRYPTOFIT und rocke diese Welt!

Dein

ÜBER DEN AUTOR

 Dr. Julian Hosp, Jahrgang 1986, ist Profisportler, Arzt, Unternehmer, Blockchain-Experte, Speaker und Bestsellerautor.

Julian war fast zehn Jahre lang Profi-Kitesurfer und gehörte zu den Top 10 der Welt. 2011 schrieb er das Nr.-1-Fachbuch namens *Kite-Trickionary*. Nach seiner Highschool-Zeit in Nashville, Tennessee, USA, verfolgte er sein Medizinstudium in Innsbruck. Nach dem Abschluss wollte er eigentlich Unfallchirurg werden, doch nachdem er kurz das Leben im Krankenhaus antestete, entschloss er sich, seinen unternehmerischen Träumen nachzugehen. 2015 veröffentlichte er seine damaligen Erlebnisse mit dem Bestseller *25 Geschichten für mein Jüngeres Ich* gefolgt von *Grenzenlos Erfolgreich* im Jahr 2016.

2015 wurde er Mitgründer eines in Singapur ansässigen Fintech-Startups. Julian wurde außerdem zu einem der besten Blockchain- und Kryptowährungs-Experten der Welt ernannt. Er ist ein häufig eingeladener Keynote Speaker bei Veranstaltungen auf der ganzen Welt und regelmäßiger Gast im Fernsehen und Radio sowie Interviewpartner in Printmedien etwa zu den aktuellen Blockchain-Trends, der Zukunft von Kryptowährungen und Unternehmertum.

Julian lebt heute mit seiner Verlobten Bettina in Singapur, ist aber die meiste Zeit für geschäftliche und teilweise private Zwecke auf der ganzen Welt unterwegs. Alle Updates und weiteren Informationen findet man auf seiner Webseite und den gängigsten Social Media Kanälen: **www.julianhosp.de**

25 Geschichten für mein Jüngeres Ich. Jede Entscheidung zählt

Julian Hosp

Dr. Julian Hosp beschreibt, was andere Leute davon lernen können, wie er bereits mit 16 Jahren alleine von Österreich nach Amerika gezogen ist. Warum seine Erfahrungen als Profikitesurfer und Profibasketballer nicht nur im Extremsport anzuwenden sind, sondern auch auf alltägliche Situationen. Warum er zwar erfolgreich Medizin studiert hat, nun aber nicht als Arzt arbeitet, sondern als Unternehmer nach Asien gezogen ist. Und wie er aus einer Totalpleite in Brasilien, bei der er im Alter von 24 Jahren fast 100.000 Euro verlor, Einblicke in den Immobilien- und Aktienmarkt gewann, um so nur fünf Jahre später finanziell frei zu werden.

Statt standardisierter, praxisferner Tipps gibt Julian handfeste Tipps in 75 Lektionen, die in 25 spannenden Geschichten verpackt sind.

Nur auf Amazon erhältlich

358 Seiten | Hardcover | 18,39 € (D) | ISBN 978-988-14850-3-8

Grenzenlos erfolgreich

Julian Hosp

Höher, schneller, weiter – das ist die Maxime, nach der heute gelebt wird. Doch wie kann man angesichts der vielen Ansprüche, die an uns gestellt werden, als Mensch noch vollkommene Zufriedenheit, absolutes Glück und ultimativen Erfolg erleben? Klar ist: Wenn wir uns nicht selbst darum kümmern, tut es keiner. Doch jeder, der darüber nachdenkt, sein Leben zu verändern, weiß, dass der erste Schritt der schwierigste ist. Damit die Veränderung gelingen kann, hat Julian Hosp seine über Jahre gewonnenen Erfahrungen als Arzt, Profi-Sportler, Blockchain-Experte und Top-Unternehmer zu einem einzigartigen 30-Tage-Programm zusammengestellt. Sein Ziel ist es, jeden Leser in den Bereichen Beziehung, Gesundheit, Finanzen, Business und Lernen auf das übernächste Level zu bringen.

450 Seiten | Softcover | 24,99 € (D) | 25,70 € (A) | ISBN 978-3-96092-249-0

Blockchain 2.0 – einfach erklärt

Julian Hosp

Was wäre, wenn deine Daten absolut sicher und unhackbar gespeichert werden könnten?

Mittlerweile sind »Bitcoin« und »Kryptowährungen« in aller Munde – doch hinter dem Begriff Blockchain steckt weitaus mehr. So sind Datenschutz, Tokenisierung, Smart Contracts und Besitz nur einige ihrer Anwendungsbereiche. Dieses Buch beinhaltet alles zu den Möglichkeiten, Potenzialen und Gefahren von dezentralen Anwendungen.

Nach seinem Bestseller Kryptowährungen – Bitcoin, Ethereum, Blockchain, ICO's & Co. einfach erklärt widmet sich Dr. Julian Hosp nun der Erklärung der Blockchain auf simple Art und Weise. Daher ist dieses Buch sowohl für Einsteiger als auch Fortgeschrittene geeignet.

256 Seiten | Softcover | 14,99 € (D) | | ISBN 978-3-95972-159-2

Rich Dad Poor Dad

Robert T. Kiyosaki

Warum bleiben die Reichen reich und die Armen arm? Weil die
Reichen ihren Kindern beibringen, wie sie mit Geld umgehen
müssen, und die anderen nicht! Die meisten Angestellten ver-
bringen im Laufe ihrer Ausbildung lieber Jahr um Jahr in Schule
und Universität, wo sie nichts über Geld lernen, statt selbst
erfolgreich zu werden.
Robert T. Kiyosaki hatte in seiner Jugend einen »Rich Dad« und
einen »Poor Dad«. Nachdem er die Ratschläge des Ersteren
beherzigt hatte, konnte er sich mit 47 Jahren zur Ruhe setzen.
Er hatte gelernt, Geld für sich arbeiten zu lassen, statt anders-
herum. In Rich Dad Poor Dad teilt er sein Wissen und zeigt, wie
jeder erfolgreich sein kann.

320 Seiten | Softcover | 14,99 € (D) | | ISBN 978-3-89879-882-2

Finanzielle Intelligenz

Niclas Lahmer

Geld besitzt seine ganz eigenen Regeln und finanziell intelligente Menschen kennen diese Gesetze des Erfolgs. Sie spielen nach den neuen Regeln, während sich der Rest weiterhin nach Althergebrachtem richtet. Junge Menschen lernen an Deutschlands Schulen und Universitäten auch heute noch die Wahrheiten von gestern, statt in einer Zeit des völligen Wandels das Wissen vermittelt zu bekommen, das sie wirklich für den finanziellen Erfolg brauchen.

Niclas Lahmer erläutert anschaulich in seinem Buch, was es bedeutet, finanziell intelligent zu handeln. Er zeigt neue Wege auf und lehrt, wie finanzielle Chancen entstehen, wie Geld für Sie arbeiten kann und wie Sie finanziell erfolgreich werden.

176 Seiten | Hardcover | 17,99 € (D) | | ISBN 978-3-95972-102-8

Der geheime Weg zu Freiheit und Erfolg

Napoleon Hill | Sharon Lechter

Ob Geld, Ruhm, Macht, Zufriedenheit, Sicherheit oder Glück – jeder von uns hat persönliche Ziele. Und jeder hat diesen Teufel in sich, der sich in Gestalt von Angst, Wut oder Eifersucht zeigt und uns an der Verwirklichung des einen oder anderen Ziels hindert. Napoleon Hill dringt an die Wurzel des menschlichen Potenzials vor und zeigt Ihnen, wie Sie diesen Teufel besiegen und mithilfe Ihres Verstandes Ihre Träume verwirklichen können. Ein Buch, das 1938 geschrieben und dann fast 80 Jahre verschollen war. Ein Buch, das seiner Zeit weit voraus war. Heute, in überarbeiteter und kommentierter Form von der Co-Autorin des Millionen-Bestsellers »Rich Dad Poor Dad«, ist es aktueller denn je und gibt klare Antworten in einer unbeständigen Zeit.

256 Seiten | Softcover | 16,99 € (D) | | ISBN 978-3-95972-079-3